汉 语 知 识 丛 书

词类辨难

（修订本）

邢福义 著

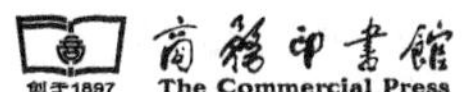

图书在版编目(CIP)数据

词类辨难/邢福义著. —修订本. —北京:商务印书馆,2019(2024.12重印)
(汉语知识丛书)
ISBN 978-7-100-03551-4

Ⅰ. ①词… Ⅱ. ①邢… Ⅲ. ①汉语—词类—研究 Ⅳ. ①H146.2

中国版本图书馆CIP数据核字(2002)第053205号

汉语知识丛书
CÍLÈIBIÀNNÁN
词类辨难
(修订本)
邢福义 著

商务印书馆出版
(北京王府井大街36号 邮政编码100710)
商务印书馆发行
北京虎彩文化传播有限公司印刷
ISBN 978-7-100-03551-4

2003年4月第1版　　开本787×1092 1/32
2024年12月北京第4次印刷　　印张7⅜
定价:38.00元

目　　录

序　　言

《词类辨难》的初版本,1981 年 8 月由甘肃人民出版社出版。当时,"文革"结束不久,百废待兴,大家都以百倍的热情,支持黄伯荣、廖序东二位先生主编一部供高等学校使用的现代汉语教材。教材编起之后,大家又踊跃地参加编写教学辅助读物,撰写出了一套"现代汉语知识丛书"。这本小书,便是那套"丛书"中的一本。

写作《词类辨难》,笔者有比较明晰的构思与设计。这就是:

(1) 范围:难归类词。教学中,结合语段语篇分析词类、辨别词性,不仅要面对通常可以信手拈来的"顺从"词,而且要面对这样那样难于驾驭的"捣蛋"词。比方,说"男人"是名词,这好办。可是,"男"和"个人"是什么词?这就有点"难"了。既是"辨难",就必须选择"难"的那一部分词,作为"辨"的对象。

(2) 根据:语法特点。词类是词的语法类别,给词定性归类,一定要紧紧扣住词的语法特点。这是最基本的立足点,最基本的出发点。考虑到难归类词的特殊性,书里还有必要强调:根据语法特点给词定性归类时,既必须分清一般规律和特殊现象,又必须明确所据的特点对某类词说来是充足条件还是必要条件。

(3) 方法:逻辑证明。既是“辨”难,就意味着要进行论证,要讲究符合逻辑推理的证明方法。这应该成为本书的重点。因此,笔者提出了直接判定、排他、类比等方法,并且贯穿于书的始终。书中,经常可以看到诸如此类的解说:“判别名词,首先要抓住几个重要特点,如能受物量结构的修饰,能同介词组合,能作主语宾语,等等。但是,由于这些特点对内并不具有普遍性,对外并不具有封闭性,因此,在给具体的词定性归类时,必须注意分清条件的性质,善于抓住一切对论证有利的条件,并且善于灵活地运用直接判定、排他、类比等方法。”

当年,《词类辨难》完稿之后,笔者写了个后记。特将其中两段摘录于下:“汉语的词类问题,是十分复杂、十分令人头痛的问题。对于怎样辨别一个个具体的词的词性,特别是怎样判定一些较难归类的词的归属,大家的不同意见必然会更多。笔者大胆地提出了自己的一些想法,疏漏、乖舛之处在所难免,恳切希望得到同志们的指正。”“写作过程中,经常翻阅中国科学院语言研究所词典编辑室编的《现代汉语词典》(试用本)、中国社会科学院语言研究所等几个单位的同志们编写的《现代汉语八百词用法初稿》(油印本)和北京大学中文系汉语专业编的《现代汉语虚词例释》(湘潭地区教师辅导站铅印本共两册),引用了这些著作中的一些例句。卢卓群同志、蒋平同志帮我抄写,并同我讨论了一些问题。初稿写成后,黄伯荣先生提了好些宝贵的意见。在这里,一并表示衷心的感谢。”

这次修订《词类辨难》,笔者做了两个方面的工作。

一方面是略加修改。修改之处,主要有三。其一,调整词类系统。按拙著《汉语语法学》和《汉语语法三百问》的见解，把词分为十一类：[成分词]名词、动词、形容词、副词，[特殊成分词]数词、量词、代词、拟音词，[非成分词]介词、连词、助词。其二，调整内容安排。把原来的七个部分，调整为八个部分；调整中，几个条目移动了所在部分的位置。其三，调整个别说法。把原来最后一个部分“动词形容词词性的临时转移”，改为“句管控中动形词性的条件变异”，分别讨论“动词形容词的指称化”和“形容词的动态化”两个问题。笔者指出，学界对“动词形容词名物化”说法的否定和取消，只是把问题掩盖了下来。这是个词类问题中的难题，今后应加强研究，而不应回避。

另一方面是增加附录。附录一为《“刚刚”》，附录二为《“半”和“双”》，附录三为《“很＋名词”》。这三个附录，实际上还是在词的定性归类上做“辨难”的工作，只是，为了观察得深入一点，描述得细致一点，用个案的方式对问题进行了专题探讨。附录四为《词类问题的思考》。这个附录，从“关于语法特征”、“关于入句结果”和“关于证明方法”三个方面阐述了笔者的思考，重点在第三个方面。笔者指出：证明方法是属于逻辑思维范畴的论证方法。证明方法和分类根据，不能混为一谈；证明方法和分类系统，没有必然联系；研究的实践离不开证明方法，证明方法适用于各门科学。语法学家们不管有意还是无意，事实上都在用某种或某些证明方法阐述其见解。

现在是 2002 年 3 月，离《词类辨难》的初版已经将近 21 个年头。在社会已经发展到了 21 世纪的今天，词性的判定，词类的标注，不仅为教学所需要，更成了汉语信息处理的关键性工作。在笔者看来，要想穷尽地准确判别和标注汉语所有的词的类别，还有很长很长的路要走。多想办法，多找出路，不会没有好处。

《词类辨难》的修订，听取了周洪波先生的中肯建议。这本小书的修订本，能够列入“汉语知识丛书”出版，从内心深处感激商务印书馆的抬爱！

邢福义

2002年3月11日

华中师范大学语言与语言教育研究中心

一　词的分类和词的归类

（一）词的分类

词，可以从不同的角度、根据不同的准则来分类。比如：根据音节，可以分为单音词和复音词；根据结构，可以分为单纯词和合成词；根据来源，可以分为通用词、方言词、文言词、外来词；等等。

语法上所说的词类，指词的语法分类，是根据词的语法特点划分出来的词的类别。

词的语法特点，包括词在形态、组合能力和造句功能三方面表现出来的特点。

什么是形态？形态是指构词和构形的语法形式。

现代汉语里，构词的语法形式包括前缀和后缀。（本书所说的词根，相当于有的教材所说的实词素；本书所说的前缀和后缀，相当于有的教材所说的虚词素。）它们有构成新词的作用，并且有作为词类标志的作用。例如：

老X：

老三
老大
老张

X子：

剪子
胖子
月子

X化：

绿化
工业化
合作化

这里的“老”是前缀，附加在词根“三、大、张”的前边。前缀“老”有构成新词的作用：老三≠三，老大≠大，老张≠张。不管词根是不是名词性的，只要是用“老”构成的词，都是名词。因此，它可以看作名词的标志。

这里的“子、化”都是后缀，分别附加在“剪、胖、月”和“绿、工业、合作”的后边。它们都有构成新词的作用：剪子≠剪，胖子≠胖，月子≠月；绿化≠绿，工业化≠工业，合作化≠合作。不管词根是什么词性的，凡是用“子”构成的词都是名词，用“化”构成的词一般都是动词。因此，它们可以分别作为名词和动词的标志。

构形的语法形式，也就是词的变化方式。在现代汉语里，构形的语法形式有两种：①重叠式——把词或语素重叠起来表示某种语法意义。②黏附式——把具有词尾性质的助词黏附在成分词后边表示某种语法意义。这两种构形的语法形式也可以体现词的不同特性。比较：

观看	观众
观看观看(观看一下)	————
观看着(正在观看)	————
观看了(已经观看)	————
观看过(曾经观看)	————
————	观众们(观众不止一个)

“观看”是动词,能按 ABAB 方式重叠,能带上“着、了、过”,表示某种语法意义;“观众”是表人名词,能带上“们”,表示某种语法意义。动词“观看”和名词“观众”性质不同,构形的语法形式也不同。

什么是组合能力?某类词可以跟一些什么词发生组合关系,不能跟一些什么词发生组合关系,这就是词的组合能力。例如:

一个观众　　*都观众

两把剪刀　　*不剪刀

三种办法　　*也办法

“观众、剪刀、办法”都是名词,可以跟表物量的数量结构“一个、两把、三种”等组合,组合以后产生修饰关系;它们不能跟“都、也、不”等副词组合。

都观看　　*一个观看

不剪除　　*两个剪除

也办理　　*三个办理

“观看、剪除、办理”都是动词,可以跟副词“都”等组合,组合以后产生修饰关系;它们的前面不能直接用“一个”之类表物量的数量结构。有时有“一个上来，一个下去”的说法，但是，第一，这里的“一个”称代了人物，不单纯表示数量；第二，“一个”和“上来、下去”组合以后不是产生修饰关系，而是产生主谓关系。

可见，组合能力的不同，体现出词的特性的不同。

什么是造句功能？词在句子中能不能充当句子成分，能充当什么句子成分，这就是词的造句功能。例如：“观众、剪子、办法、观看、剪除、办理”可以充当句子成分，而“和、如果、从、对于、的、吗”不能单独充当句子成分；“观众、剪子、办法”可以充当主语、宾语，不能单独充当谓语，而“观看、剪除、办理”可以充当谓语，在一定条件下才能充当主语、宾语。这就是说，在造句功能上同样也体现出词的不同特性。

在划分词类的时候，形态、组合能力和造句功能这三个方面的特点都应考虑。不过，汉语是一种缺少发达形态的语言，正如吕叔湘先生所指出：“汉语有没有形态变化？要说有，也是既不全面也不地道的玩意儿，在分析上发挥不了太大的作用。”（吕叔湘《汉语语法分析问题》11页，商务印书馆1979年）因此，汉语里词的语法特点主要表现在组合能力和造句功能这两方面，尤其突出地表现在组合能力这一方面。

在根据语法特点进行词类划分的过程中，词的意义具有参酌作用。划分词类时，既要根据语法特点，又要参酌词的意义，这样才能做到准确、合理。比如，对于同形的 X_1 和 X_2，要判断它们是同类的一个词，还是不同类的两个词，必须结合意义来考虑才行。比较：

严厉的人　　特别的人

严厉批评他　特别批评他

这里，作定语的“严厉”和作状语的“严厉”在意义上是一样的，它们是同类的一个词，即形容词。作定语的“特别”和作状语的“特别”在意义上是不相同的，前者是形容词，后者是副词，不能因前者是形容词而判定后者也是形容词。显然，肯定作定语和作状语的“严厉”都是形容词，而肯定作定语和作状语的“特别”分别是形容词和副词，这是结合意义才能做到的。又比如，在考察词的组合能力时，要知道一个词能不能跟什么词组合，能不能在什么样的格式中出现，也必须结合意义才能得到明确的答案。比较：

很严厉的人　　很特别的人

很严厉地批评了他　*很特别地批评了他

“严厉”，不管作定语还是作状语，都能受程度副词的修饰（可见是同类的一个词）；“特别”，作定语的能受程度副词的修饰，作状语的不能（可见是不同类的两个词）。怎么知道能不能受程度副词的修饰呢？如果离开了意义，那是无从知道的。

当然，我们说的是“参酌”词的意义，而不是“根据”词的意义。尽管意义“不失为重要的参考项”（《汉语语法分析问题》12页），但不能不加控制地使用意义的标准。词类毕竟是词在语法上的分类，分类的“根据”，起“判决”作用的因素，应该还是语法特点。只有抓住语法特点，划分词类才有客观标准，才可以避免主观臆断，避免出现那种“仁者见仁，智者见智”的情况。

根据语法特点，参酌词的意义，可以把词分为十一类：(1)名词，(2)动词，(3)形容词，(4)副词，(5)数词，(6)量词，(7)代词，(8)介词，(9)连词，(10)助词，(11)拟音词。词类这一概念，通常是指名、动、形、副、数、量、代、介、连、助、拟音这些类别。

为了便于描写事实，说明词类间的相互关系，十一类词又可以归纳为三大类：

(1) 成分词——能单独充当句子成分。包括：名词，动词，形容词，副词。

(2) 特殊成分词——能单独充当句子成分，但具有特殊性。包括：数词，量词，代词，拟音词。

(3) 非成分词——不能单独充当句子成分。包括：介词，连词，助词。

对于各个词类的解说，请参看拙著《汉语语法学》(东北师范大学出版社 1997 年)和《汉语语法三百问》(商务印书馆 2002 年)。

(二) 词的归类

词的分类，是从全局着眼，研究根据什么样的原则或标准把词分为哪些类别；词的归类，是从一个一个具体的词出发，考察它们的特性，判定应该把它们分别归入哪个词类。二者有紧密的联系：只有在词的分类的一般原则指导下，才能谈得上词的归类；也只有在充分地深入地研究一个个词的特性，解决好归类问题的基础上，才能最终解决词的分类问题。但是，二者毕竟有着不同的着眼点，代表着两个不同的角度。

词的归类原则，跟词的分类是一致的。这就是：根据词的语法特点，参酌词的意义。不过，这是就总的方面说的。事实上，具体的词千千万万，它们的情况错综纷繁，并不是每一个词都具有某类词的所有语法特点，并不是每个词都具有明显的作为某类词的意义。因此，在总的原则下，还得强调几个基本要求。

1. 给词定性归类时，必须紧紧扣住词的语法特点。

有时，某个词的词类意义相当模糊，只有依靠语法特点才能有把握地给它归类。比如“起码”这个词，从意义上是很难确认属于哪一类的。但是，从语法特点上去考察，我们可以看到，这个词可以作定语、状语，可以在谓语部分里用在“是……的”之间，并且不管用在哪里，前边一般可加程度副词“最”或“顶”：

(最)起码的条件

(最)起码的要求

这是“起码”作定语，前边可加程度副词。

(最)起码也要修建八栋宿舍

(顶)起码必须走三天

这是“起码”作状语，前边可加程度副词。张武《看“点”日记》中就有这样的例子：“最起码要找个遮阳避雨的棚子。”(《人民文学》1979年12期)

修建八栋宿舍是(最)起码的

走三天是(最)起码的

这是"起码"用在"是……的"之间，前边也可加程度副词。

可见，"起码"应归入形容词，因为别类词不具备这样的语法特点。《〈现代汉语八百词〉选例》中，把"起码"分为"形、副"两类，但又承认二者都能在前面加"最、顶"。(见《中国语文》1979 年 3 期)这样的处理，忽视了"起码"在组合能力上的共性，也忽视了副词不能受"最、顶"修饰的事实。

有时，甲乙两个词可能在意义上是近似的，但不一定属于同一个词类。应该归入哪一类，还是要依据词的语法特点。比较"迅速"和"迅即"：

迅速处理	迅即处理
非常迅速地处理	——
动作迅速	——
动作非常迅速	——

意义上，"迅速"和"迅即"是近似的；语法上，它们却有不同的特点。"迅即"只能作状语；"迅速"不仅能作状语，而且能作谓语，它的前边能加程度副词。可见，"迅即"是副词，"迅速"是形容词。再比较"突然"和"忽然"：

突然出现	忽然出现
非常突然地出现	——
出现得很突然	——
突然事件	——
这件事很突然	——

"忽然"和"突然"意义相近，但语法上却具有不同的特点。"忽然"应归入副词，"突然"应归入形容词。

2. 根据语法特点给词定性归类时，必须分清一般规律和特殊现象。不能只看到一般而抹煞特殊，也不能以特殊来否定一般。比如，名词这类词有好几个语法特点，其中，在组合能力上的主要两个是：

① 一般能受表示物量的数量结构的修饰。例如：一个学生、两位客人、三头牛、四匹马、五棵白菜、六架飞机、七个假日、八座图书馆。

② 一般不能受副词的修饰。例如，不能说：不学生、都客人、很牛、刚马、已经白菜、忽然飞机、不假日、都图书馆。

这两个特点都只是一般。

名词当中也有不受物量结构修饰的。其一，专有名词，如"鲁迅、北京"等等。只在有特殊需要时，它们才可以受物量结构的修饰。例如："三个臭皮匠，抵得一个诸葛亮。"（这是为了同前面的"三个"对举。）"哪能有几个北京呢？"（这是为了强调。）"千千万万个雷锋在成长。"（这里的"雷锋"已经借用来表示雷锋式的一类人。）其二，泛指性名词。如泛指人或事物的"人群、马匹"等等，泛指时间的"当年、平时"等等。其三，方位名词和具有明显方位意义的其他处所名词。前者如"前、后、东边、西边"等等，后者如"桌上、乡下、国外"等等。

不是名词，也有受物量结构修饰的。最常见的是某些形容词有时受物量结构的修饰。比如"一丈高、三尺长、四寸厚、八尺深、五斤重"。这里，修饰形容词的物量结构是"数词＋度量衡单位"。这种数量结构在修饰形容词时性质是比较特殊的：它们可以用"多"来提问，不能用"多少"来提问，并且可以用"这么、那么"去替换。例如："多高？——一丈高。——真的这么高吗？""多深？——八尺深。——真的那么深吗？"可见，这里的物量结构具有表示程度的性质，它们是修饰形容词，而不是修饰名词。

再从跟副词的关系看，名词也不是完全跟副词相排斥。在某种条件下，某些副词也可以修饰名词或以名词为中心的短语。这主要有四种情况：①名词带上数量结构，可以受表示范围或频率的副词的修饰。例如：只两尺布。|仅仅一个人。|大约三辆汽车。|共两块钱。|才三张桌子。|又一阵暴雨。|再一个问题。②表示人或事物的名词受副词“净”或“光”的修饰，共同用在处所词后边，表明某一地点普遍存在着某种人或事物。例如：炕上净人。|园里净游客。|江岸净岗哨。|山上净树。|河边净杂草。|屋里光书。|那儿净矿石。③时间名词，在用来作谓语，直接对某个时点加以表述的时候，可以受某些表示迟早或频率的副词的修饰。例如：今天已经星期六了。|今天才星期五呢。|明天又星期天了。|今天已经初九了。|今天才初八呢。|明天又初十了。|后天又八月中秋了。④许多方位名词和某些方位意义明显的其他处所名词，可以受某些副词的修饰。常见的是受“最”的修饰，如“最前、最后、最前面、最后面、最上头、最下头、最南方、最北方、最底层、最前线”；单纯方位词还可以受“不、太”等的修饰，如“不前、不后、太前、太后”。可见，不能绝对地说名词就是不能同副词发生组合关系。

不管哪一类词的基本的语法特点，都不可能完全对外具有封闭性、对内具有普遍性。重要的，是首先要掌握一般，在这个基础上，进一步了解特殊。这样，在给词归类时，就可以知道，一般规律在哪些情况下不起作用，特殊现象只是在哪些条件下才能成立，从而不致机械地用一般来衡量一切，也不致把特殊同一般混为一谈。

3. 根据语法特点给词定性归类时，必须明确所据的特点对某类词说来是充足条件还是必要条件。分不清条件的性质，往往得不出正确的结论。

所谓充足条件，是指“有之必然，无之未必不然”的条件，也就是“有它就够，没有它不一定不行”的条件。比方，“能够带宾语”对动词来说是一个充足条件，只要符合这一条件就一定是动词。如“在于”：一年之计在于春。|问题不在于进度，而在于质量。|去不去在于你自己。但是，不符合这一条件不一定不是动词，如“咳嗽”、“睡觉”。（在带宾语问题上，有个例外：少数代词能带宾语，如“你能怎么样了人家？”代词是一类特殊的成分词，有的代词之所以能带宾语，正是因为它们代替了动词。）再比方，“能够重叠起来表示动量”对动词来说也是一个充足条件，只要符合这一条件就一定是动词，如“休息”：你应该休息休息；但是，不符合这一条件的不一定不是动词，如“在于”、“例如”。

每一类词，都可能有好些充足条件。这些充足条件，有的对整类词的适用面大些，有的对整类词的适用面小些，但不管大与小，只要抓住了一条，就可以给一个词定性归类。

一般的语法书里所列举的词的语法特点，都是重要的、普遍性较大的几个方面。这是对的。因为作为一类词的特点，不必也不应把那些适用面很小的一一列举出来。但是，在给词归类时，只要是符合充足条件的特点，即使适用面极小，也是有用的。因此，我们要善于发现并随机应变地运用这样的条件来鉴别词性。例如:"一天到晚地 X",在这样的句式里,能够受"一天到晚地"修饰的 X 一定是动词。这就是一个充足条件。以"睡觉、咳嗽"来说,固然可以用别的办法证明它们是动词,但只要指出它们能够在这样的句式中出现("一天到晚地睡觉","一天到晚地咳嗽"),就足够说明它们是动词了。(少数代词也能进入"一天到晚地 X"的语法环境,但它们之所以能这样,正是因为它们指代了动词。)

所谓必要条件,是指"无之必不然,有之未必然"的条件,也就是"少了它一定不行,但有了它不一定能行"的条件。比如,语法书里讲副词的语法特点时,总要指出"副词能够作状语"。对副词说来,能够作状语就是必要条件。一个词,如果不能作状语,它不可能是副词;但如果能作状语,它可能是副词,也可能是其他类的词。

必要条件不能当作充足条件来使用。以"刚才"来说,这个词可以作状语,例如:

(1) 刚才发生了一件事。

这里,"刚才"是"发生了……"的状语。如果我们仅仅看到这个词能作状语就说它是副词,这就是把必要条件当作充足条件来使用了。实际上,"刚才"是时间名词,而时间名词是可以作状语、定语等的。再看下面的用法:

(2) 这件事就发生在刚才。

(3) 到刚才,什么事都还没发生。

(4) 情况比刚才好多了。

"刚才"可以用在"在、到、比"等介词后边,一起组成介词结构,这是名词所具有的特点,副词不能这么办。可见,弄错条件的性质，把必要条件当作充足条件来使用，所得的结论是不可靠的。

那么，必要条件能起什么作用呢？如果说，充足条件可以帮助我们懂得符合某一条件便是某类词，必要条件的最大好处便是帮助我们懂得，不符合某一条件的就一定不是某类词。比如，在词语、句子之间起连接作用并表示某种关系的连词，不能成为一个句法结构里的中心语。这是作为连词的一个必要条件。符合这一条件，即不能成为结构中心，不一定就是连词，因为别类词也有不能成为结构中心的；但如果不符合这一条件，即可以成为结构的中心，那么，就一定不是连词。比如用于分句或句群之间的“不然”，有的著作说是连词。事实上，这个“不然”前边可以加“要”或“再”，后边还可以带上“的话”。例如：

(5) 他一定开会去了，不然，为什么这么晚还不回来？

(6) 他一定开会去了，不然，就是找朋友们聊天去了。

前一例的“不然”可以说成“要不然”或“要不然的话”，后一例的“不然”可以说成“再不然”或“再不然的话”。显然，在“要不然(的话)”、“再不然(的话)”里，“不然”处于中心地位。我们顶多只能说“要不然”(的话)、“再不然(的话)”整个是连词性的短语词，却不能说其中的“不然”是连词。(“要不”、“再不”是“要不然”、“再不然”的简缩形式，也可以整个看作连词性短语词。它们包含“不然”的意思，正像“要不然(的话)”、“再不然(的话)”包含着“不然”一样。)另一方面，我们也不能说加上“要……的话”之类时“不然”不是连词，不加上“要……的话”之类时“不然”是连词，因为不管加不加“要……的话”之类，“不然”的意义和作用并未发生变化。再看一例：

(7) 这一点正表明抗大是一个最革命最进步的学校，如若不然，他们就不会反对了。

“如若不然”是个假设分句，“不然”是假设分句里表意的中心，不能说这个“不然”是连词。诚然，在现代汉语里，“不然”结合较紧，意义较虚，但还是表示跟“这样”相对的意思，在上下文意允许的条件下可以和“这样”互相替换。它和“这样”的词性应该是相同的。比较：

(8) 你应该答应他，不然，他会不高兴的。

(9) 你应该答应他，这样，他会高兴的。

(10) 还得让一些水流走。不然，堵着的水又会冲坏了堤。

(11) 还得让一些水流走。这样，堵着的水才不会冲坏了堤。

“这样”是代词，“不然”可以看作是有关联作用的代词性短语词。在分句之间起关联作用，这只是作为连词的必要条件；具备这一条件的词，不一定就是连词。代词“（就）这样”，就经常用在分句或句群之间起帮助过渡、承上启下的关联作用。

应该进一步指出的是，必要的条件如果同别的条件合在一起，就可能成为必要而充足的条件。比如，“单纯充当状语（少数还能充当补语），不能充当主语、宾语，不能用在介词之后组成介词结构”，这便是作为副词的必要而充足的条件。

（为了行文的简便，下面称为“纯状语性”。）又比如，“单纯起连接作用，表示语句之间的某种抽象的语法关系，不能成为一个句法结构里的中心语”，这便是作为连词的必要而充足的条件。这种条件，“有之必然，无之必不然”，当然可以据以判定词的归属。

二 词的归类的几个方法

有的词，语法特点比较明显；有的词，并没有什么明显的语法特点。有的词，可以直接指明其词性；有的词，却只能用间接的方法说明它属于哪一类。情况不同，采取的论证方法也应有所不同。下面，介绍直接判定、排他、类比等方法。

（一）直接判定

所谓直接判定，是根据某类词的语法特点直接判定某个词属于某一类。这是通常采用的方法。它的公式是：

凡符合 A 类语法特点的，属 A 类。
X 符合 A 类的语法特点，
所以，X 属 A 类。

凡符合 B 类语法特点的，属 B 类。
Y 符合 B 类的语法特点，
所以，Y 属 B 类。

举几个词为例。

1. “例如”

这个词可以带名词或名词性结构，而所带的名词或名词性结构只能分析为宾语。例如：

(1) 有些地方的游击战争，全部活动地区开始都是游击区，例如冀东的游击战争。

(2) 现在许多地方的游击战争，例如五台山等处，是由正规军派出强大的支队去发展的。

“例如冀东的游击战争”和“例如五台山等处”都只能分析为动宾结构，而不可能分析为别的什么结构。尽管这类动宾结构比较特殊，在句子里是充当独立成分，但不能否认“例如”是带了宾语。这就是说，“例如”符合作为动词的充足条件，可以直接判定它是动词。跟“例如”相当的还有“比如、譬如”等，它们也是动词。

2. “着想”

这个词在句子里总是出现在“为……”、“替……”、“从……”等的后边，受这些介词结构的修饰，有时还可以带上时态助词“过”。比如，“为大家着想”，“从大处着想”，“你什么时候替我着想过？”

能够在“为谁 X 过”这类格式中 X 位置上出现，这是作为动词的充足条件。“着想”既然符合这一条件，它无疑是动词。

3. “不便”

这个词，可以受程度副词的修饰，不能带宾语。比如，“在这儿，吃住不便，交通更不便。”又如，“甲：我不便去找他。乙：你不便，我更不便。”

能受程度副词修饰，并且不能带宾语，这是作为形容词的充足条件。“不便”既然符合这一条件，自然可以判定它是形容词。

顺便指出，用在动词前边作状语的“不便”，跟用在动词前边作状语的"难、容易"之类特性相同，它们都是形容词。比较：

不便：不便进，更不便出。

→进不便，出更不便。

难：难进，更难出。

→进难，出更难。

容易：容易进，更容易出。

→进容易，出更容易。

4. "总算"

这个词具有"纯状语性"。它除了用在动词、形容词前边作状语之外，不能在其他语法环境中出现。例如：

(1) 哎呀，总算找到你了！

(2) 小高呢，从小当篾工，总算在家里念过几天书。

(3) 小孩子的字能写成这样，总算不错了。

从字面上看，"总算"有点像动词。但是，我们抓住了"纯状语性"这一点，可以毫不迟疑地断定它是副词。

（二）排他

所谓排他，是通过排斥其他各种可能，借以肯定只有某种可能。这一方法，在某个词缺乏明显的作为某类词的语法特点，难以直接判定其词性的时候，可以采用。它的公式是：

或者是 A 类，或者是 B 类，或者是 C 类。

X 不可能是 A 类，不可能是 B 类。

所以，X 是 C 类。

举几个词为例。

1.“必然”

这个词可以充当句子成分，不可能是非成分词。在成分词和特殊成分词里，就活动在定语、状语位置上的“必然”而言，它不可能是名词、动词和代词，更不可能是数词或量词。剩下来，还有两种可能：或者是副词，或者是形容词。

“必然”可以作定语，如“必然产物，必然结果，必然趋势”；可以在谓语部分里用于“是……的”之间，如“这是必然的”。有时“必然”也作状语，但是我们可以通过结构变换的方法，说明它仍然有出现于“是……的”之间的可能。如“必然取得最后胜利”，可以变换为“取得最后胜利是必然的”。所有这些，都不是副词所能具有的特点。

这个词，要直接判定它是形容词，理由不够充足。因为，它不能受程度副词的修饰，不完全符合形容词的“能受程度副词的修饰，不能带宾语”这一必要而充足的条件。虽然它可以作定语，可以用在“是……的”之间，但这是不能用来作为判定它是形容词的充足理由的，因为别类词也可以这么办。现在，通过排他排除了其他各种可能，特别是排除了副词，我们就可以有把握地判定它是形容词了。

2.“空前”

要直接判定这个词的词性，更是困难。我们也可以采取排他的办法。

这个词，或者是副词，或者是时间名词，或者是动词，或者是形容词，此外没有别的可能。

首先，“空前”尽管可以作状语，如“空前繁荣”，但不可能

是副词,因为它有这样的用法:

(1) 1887年,他刚刚九岁时,一场空前的水灾毁灭了他家的土地、房屋和牲畜,夺去了他的全部亲人的生命。

(2) 这次规模空前的盛会,检阅了成就,训练了队伍。

前一例里"空前"充当"水灾"的定语,后一例里"空前"充当"规模"的谓语。这是副词不可能具有的特点。

其次,"空前"尽管在意义上跟时间概念有联系,但不可能是时间名词。因为,时间名语可以用在介词后边,组成介词结构,如"从前"→"在从前","目前"→"到目前";"空前"不能用在"在、到"等的后边,不具有时间名词的特点。

再次,尽管在"空前绝后"这样的结构里,"空前"是动词性结构——动宾结构,但作为一个词单用,"空前"不具有动词的任何特点,如不能带宾语,不能带"着、了、过",不能受"没"否定等等,因此,也不可能是动词。

通过排他,只剩下形容词一项。我们再结合它可以充当定语、谓语的功能来考虑,就可以判定,它是个形容词。

3. "人身"

要直接判定这个词的词性,也有困难。我们同样可以采取排他的办法。

这个词,或者是副词,或者是形容词,或者是名词。此外,没有别的可能。

首先,"人身"不是副词。"人身自由、人身事故"这样的用法,是副词不可能有的。

其次，也不是形容词。比如“恶毒攻击”，“恶毒”是形容词，后边可加“地”，说成“恶毒地攻击”，而“人身攻击”则不能说成“人身地攻击”。相反，“人身攻击”可以扩展成“人身受到攻击”，形容词不能这么办。

通过排他，只剩下名词一项，我们再结合它可以充当主语（“人身受到攻击”）的功能来考虑，就完全可以判定，它是个名词。

（三）类比

所谓类比，是已知甲词属某类，由此推知只能跟甲词同类的乙词也属某类。这一方法，在某个词难以直接判别其词性时，也可采用。它的公式是：

X只能跟Y同类。

Y是A类，

所以，X也是A类。

举几个词为例。

1. “会心”

这个词，动、形、名的比较明显的语法特点都难找到。

在“会心的微笑”这样的用法里，像动词，也像形容词，因为动词、形容词都可以占据“会心”的位置（如“赞赏的微笑”，“赞赏”是动词；“亲切的微笑”，“亲切”是形容词）。在“别有会心”这样的用法里，像是动词，但也不能肯定不是名词，因为动词、名词都可以占据“会心”的位置（如“别有领悟”，“领悟”是动词;“别有天地”,“天地”是名词)。

“会心”和“会意”意义相同。尽管能用“会意”的地方不一定都能用“会心”,但凡能用“会心”的地方都能用“会意”。这说明,“会心”在意义上、用法上从属于“会意”,跟“会意”是有同类关系的。

“会意”可以证明是动词。如“他一使眼色,我就会意了。”这是动词经常出现的语法环境。虽然形容词也能在这样的语法环境中出现,如“天一冷,树叶就黄了”,但“会意”不具备形容词的明显特征,不可能归形容词。所以,“会意”只能是动词。(顺带指出:“天一冷,树叶就黄了”里的“黄”已经“动态化”。(参看第八节“句管控中动形词性的条件变异”中有关部分。)

既然无法证明“会心”是动词以外的别类词,而它又跟动词“会意”同类,那么,可以判定它也是动词。

2.“相反”

“相同”是形容词,它可以受“很不”或“不很”的修饰(“很不相同”“不很相同”),不能带宾语。吕叔湘先生在《语文札记》中,就把它归入形容词,跟“一致、一样”等放在一块。(见《中国语文》1965年5期346页)

“相反”和“相同”意义相对,结构相同,用法上也有许多相似之处。比较:

完全相同的看法

完全相反的看法

他们的意见完全相同。

他们的意见完全相反。

另外，“相反”和“相同”一样，不能带宾语，也找不到其他证明它是动词的充足理由。

既然这样，“相反”也应跟“相同”的样，归入形容词。

3. “无须”

这个词，有人说是动词，有人说是副词。如果是动词，“无须操心”、“无须告诉你”是动宾结构，其中的“操心”、“告诉你”是宾语；如果是副词，“无须操心”、“无须告诉你”是状心结构，其中的“无须”是状语。究竟是动词还是副词，从“无须”本身很难求得令人信服的答案。

“无须”和“不必”都是对“必须”的否定，意义完全相同，用法也差不多。比较：

(1) 这件事，你无须操心。

这件事，你不必操心。

(2) 这件事，无须你操心。

这件事，不必你操心。

“不必”肯定是副词。跟“不必”意义相同、用法相似的“无须”，也应当是副词。从反面说，我们没有足够的理由来证明它不是副词，而是动词。

“无须”可以说成“无须乎”，但“无须乎”仍然可以用“不必”去替换，它还是副词。例如：

(3) 无须乎大惊小怪！

不必大惊小怪！

(4) 我知道怎么干，无须乎别人插手。

我知道怎么干，不必别人插手。

运用类比方法，进行比较，进行替换，可以看出词的共同性质，便于定性归类。但是，这一方法是在一定条件下才能起作用的。这就是，大前提必须是"X 只能跟 Y 同类"。"只能"意味着 X 不可能是 Y 所属的词类以外的别类词。如"会心"，它只能跟动词"会意"同类，而不存在属于动词之外的词类的可能。在这样的前提下，才能判定"会心"应归动词。要是甲乙两词虽然意义上相似或相关，有时可以互相替换，但在语法特点上可以证明它们分属不同的词类（如"迅速"和"迅即"、"突然"和"忽然"），那么，就不能简单类比，借以证明甲和乙同类，或乙和甲同类。

（四）多种方法的综合使用

为了提高结论的可靠性，增强结论的说服力，直判、排他、类比这些方法可以综合使用，让它们互相配合，互相辅助，共同说明问题。

举几个词为例。

1. "可惜"

这个词，可以受程度副词的修饰（如"很可惜、非常可惜、十分可惜"），不能带宾语（如可以说"他摔坏了腿，大家都感到可惜"，但不能说"他摔坏了腿，大家都可惜他"）。它符合作为形容词的必要而充足的条件，是形容词。——这是直接判定。

这个词经常用在动词或动词结构前边，会不会是副词呢？我们可以在保持意义同一的条件下进行结构变换，借以说明作状语的“可惜”还是形容词。例如：

(1) 他的著作，可惜全都散失了。

(2) 他的著作全都散失了，真可惜！

(3) 他的著作全都散失了，这是十分可惜的事。

具有“纯状语性”的副词，不可能采取这样的变换方式。可见，“可惜”不可能是副词。——这是排他。

直接判定辅之排他，对“可惜”词性的判定就更有把握。

顺便指出，“可惜”有时包含有“糟蹋”的意思，常常“了”，如“可惜了这块材料。”这样的“可惜”是动词，跟上面所说的“可惜”不同。

2. “而今”

“而今”可以直接用在介词的后边，跟介词组成介词结构，如“到而今”。具有这样的特点的，一般是名词。——这是直接判定。

“而今”就是“现在”。凡能用“而今”的地方都能用“现在”。“现在”是名词，“而今”自然也是名词。——这是类比。

有直接判定又有类比，“而今”是名词的结论更能令人信服。

3. “不一”

用直判法判定这个词的词性，比较困难。我们可以采取别的方法。

首先，除了形容词、动词或副词，“不一”不可能是别类的词。它不会是副词，因为它总是充当谓语，如“质量不一，长短不一，意见不一”。它也不会是动词，因为找不到属于动词的任何特点。既然这样，就只有可能是形容词了。——这是排他。

"不一"和"一样、一致"相对，如"长短不一：长短一样"，"意见不一：意见一致"，它们的词性应相同。"一样、一致"是形容词，"不一"也应是形容词。——这是类比。

有排他，有类比，可以更有力地肯定这个词是形容词。

4. "就是了"

这是个短语词。它附着在句子末尾表示"不必疑虑"或"如此而已"的语气。例如：

(1) 我们说到做到，你放心就是了。

(2) 这事谁不知道？我不过不说就是了！

前一例里表示"不必疑虑"，后一例里表示"如此而已"。去掉它，不影响句子的基本结构，不变动句子的基本意思。所有这些，都符合作为语气助词的条件。可见，它应归入语气助词。——这是直接判定。

这个"就是了"，不可能分析为谓语，更不可能分析为补语或别的什么成分。因此，它不是成分词或特殊成分词。就非成分词说，它也不可能属介词、连词或结构助词、时态助词。剩下来，只有可能归语气助词。——这是排他。

表示"不必疑虑"的"就是了"，相当于"便了"；表示"如此而已"的"就是了"，相当于"罢了"。它或者能替换为"便了"，或者能替换为"罢了"。"便了""罢了"是语气助词，"就是了"也应归语气助词。——这是类比。

这里，直接判定、排他、类比三种方法都运用了。这三种方法彼此配合，相辅相成，能更好地证明结论的可靠性。

方法的运用是灵活的。以上我们分别举出一些词来分析，目的在于说明怎样运用某种方法，决不是说，判定一个词的词性，就只能用那一种或那几种方法，而不能用别的方法。究竟用哪种方法，不用哪种方法，先用哪种方法，后用哪种方法，这些都决定于具体情况和实际需要，应以说明问题、解决问题为准则，不能定下固定的程式。

三　同形异类现象的归类

所谓同形异类，是指词的形式相同，但实际上属于不同的词类：在甲语法环境中，是 A 类；在乙语法环境中，是 B 类。例如：

工作　在边疆工作过三年。

　　　这几项工作都很重要。

困难　这几种困难我们都能克服。

　　　行动很困难。

麻烦　这件事很麻烦。

　　　麻烦了您了！

“工作”，有时是动词，有时是名词；“困难”，有时是名词，有时是形容词；“麻烦”，有时是形容词，有时是动词。“工作”“困难”和“麻烦”，都是同形异类。

同形异类的词，各类的使用频率，有的可能大些，有的可能小些。例如：

车　一辆车

　　车水

死　死得光荣

　　把问题看得太死

热　天气很热

　　加点儿热

"车",有时是名词,有时是动词。名词"车"的使用频率比动词"车"大。"死",有时是动词,有时是形容词。动词"死"的使用频率比形容词"死"大。"热",有时是形容词,有时是名词。形容词"热"的使用频率比名词"热"大。

一个词,究竟属于哪一类,在进入句子以后就可以确定。就是说,在某个句子中,一个词要么属 A 类,要么属 B 类,不再是异类的了。因此,要善于结合具体的语法环境来判定词的归属。例如:

(1) 这是性质完全不同的两类矛盾。

(2) 在阶级社会中战争与和平这样矛盾着的事物,在一定条件下具备着同一性。

(3) 我心里很矛盾。

例(1)里,"矛盾"受表示物量的数量结构的修饰,是名词。例(2)里,"矛盾"带上了"着",是动词。例(3)里,"矛盾"受程度副词的修饰,不具备动词的特点,是形容词。

同形异类的词,一般在词源上有一定的血缘关系,只不过是有的关系明显,有的关系不大明显,有的则由于引申再引申的结果,渊源关系已经十分模糊了。按照王力先生的意见,凡是有渊源关系的,一般都是兼类现象,即一个词"兼属两个以上的词类";来源不同的,是同音词,不是兼类,如"打人"的"打"和"一打毛巾"的"打";历史上虽有一定的关系,但一般人已意识不到这样关系的,也算同音词,不是兼类,如"钢刀"的"刀"和"一刀纸"的"刀"。(《词类》16—18 页,新知识出版社 1957 年)兼类和同音的划界,有时是很难的。拿一般人是否意识到渊源关系作为划界的标准,不容易得出明确的结论。读过古书和没读过古书的人，古书读得多和古书读得少的人，对同一现象的看法可能是不很一样或很不一样的。特别是，从理论上讲，凡是不同类的词，必然代表着不同的概念，因而都很难说是同一个词。比如，名词“锁”（“买了一把锁”）和动词“锁”（“把门锁上”），前者表示一种金属器具，后者表示一种动作，能说是同一个词吗？又比如，名词“科学”（“物理学是一门科学”）和形容词“科学”（“这种工作方法不科学”），前者指一种知识体系，后者表示一种性质，能说是同一个词吗？吕叔湘先生指出：“有时候一个语素可以用于两个词类，意思密切相关，例如‘一把锁’和‘锁上门’的‘锁’，‘一个姓’和‘他姓姚’，的‘姓’。是一个语素、一个词呢，还是一个语素、两个词？一般认为词类不同就得算两个词，可是基本意义不变只是一个语素，这样就该作为一个语素、两个词。如果可以这么处理，那么像‘把门’的‘把’，‘把门锁上’的‘把’，‘一把锁’的‘把’，就是一个语素三个词了。”（《汉语语法分析问题》17页）吕先生的“词类不同就得算两个词”的论断，是科学的。为了探讨词的归类方法问题，我们把形式相同（首先是语音形式相同，反映在书面上是字形相同）而分属不同词类的词统称为同形异类现象，不在兼类和同音的问题上纠缠。所涉及的词，一般是在词源上有关系的，但也不完全排斥只能算狭义的同音词的现象。

同形异类现象增加了词的归类问题的复杂性。如果既有异类情况，又有难归类的问题，归类起来就更感麻烦了。这一部分，主要针对较难判定归属的同形异类的词，在遵守词的归类原则和归类要求的前提下，突出谈谈方法的运用和条件的坚持这两个问题。

（一）归类方法的运用

同形异类的词，如果分属 A、B、C 三类，那么，不管是属 A 类，还是属 B 类，还是属 C 类，为了令人信服地确定其词性，都必须根据实际需要，针对具体情况，运用一定的方法来加以论证。所用的方法，还是直接判定、排他、类比等。A、B、C 三类可以用同一种方法，也可以分别用不同的方法；每类可以只用一种方法，也可以同时用多种方法。下面举些例子，略加分析。

1. “根本”

“根本”有时作主语、宾语，能出现在“从……上”之间，不能受副词修饰。例如：

（1）那时候，农民的根本就是土地。

（2）啥都没有置几亩土算事！地是根本。

（3）问题必须从根本上解决。

这种情况下的“根本”，符合名词的语法特点，它是名词。

“根本”有时作定语，能受程度副词“最”的修饰，不能带宾语。例如：

根本问题 → 最根本的问题

根本原因 → 最根本的原因

这种情况下的“根本”，符合形容词的语法特点，它是形容词。

“根本”有时只能作状语，不能充当别的成分，不能受程度副词的修饰。例如：

(4) 一问，她根本对任何球类活动都没有兴趣。

(5) 他站起来看了我一眼，好像根本没和我发生过任何纠葛一样。

(6) 去年冬天根本不冷。

这种情况下的"根本"，符合副词的语法特点，它是副词。

这里，判定"根本"分属名词、形容词和副词，都是采用直接判定的方法。

2. "临时"

"临时"有时作定语或状语，表示时间的短暂，能带上"性"字。它大都能出现在"是……的"之间，意义跟作定语、状语时是一样的。例如：

(1) 防汛指挥部是个临时组织，……而他也是临时从水利科调来的。

前一个"临时"作定语，能带"性"("临时性组织")，能出现在"是……的"之间("这个组织是临时的")；后一个"临时"作状语，也能带"性"("他到防汛指挥部，这是临时性的调动")，也能出现在"是……的"之间("他从水利科调来是临时的")。同类的例子，如：

(2) 回到指挥部，马上召开了临时战地会议。

(3) "我们矿上政治部老冯同志说，你调回单位了。"老尹说，"听说临时再跑小矿？"

例(2)的"临时"作定语，例(3)的"临时"作状语，都表示时间的短暂。

这种表示时间短暂的"临时"，要么是形容词，要么是时间名词，再没有别的可能。它会不会是时间名词呢？不是。它不能跟“在、到”组成介词结构，无法证明是时间名词；再说，时间名词也不能带上“性”字。（当然，动词和一般名词等也能带上“性”字，如“创造性、人民性”，但“临时”根本不可能是动词或一般的名词。）可见，它只能是形容词。

“临时”有时作状语，表示“临到事情发生的时候”，不能带“性”字，不能用在“是……的”之间。例如：

(4) 不能临时抱佛脚！

(5) 事先准备好，省得临时着急。

这样的“临时”，要么是形容词，要么是时间名词，要么是副词。首先，它不具备形容词“临时”的任何特征，无法证明是形容词。其次，它不能说成“在临时”或“到临时”，无法证明是时间名词。可见，它只能是副词，即时间副词。

这里，判定“临时”有时是形容词，有时是副词，都是采用排他的方法。

3.“就是”

“就是”有时是两个词。如“这就是阿菊婆”里，“就”是副词，“是”是动词。这里说的是结合成了合成词或短语词的“就是”。

有时，“就是”作状语，可以用“只、仅仅、偏偏、的确”等去替换。例如：

(1) 他就是喜欢语文和数学，对别的功课兴趣不大。

(2) 不管他怎么催，我就是不去！

(3) 这孩子就是聪明，难怪老师这么喜欢。

例(1)的“就是”可以换成“只”或“仅”，例(2)的“就是”可以换成“偏”，例(3)的“就是”可以换成“的确”。“只、仅、偏、的确”等是副词，跟它同类的“就是”也可以划归副词。

有时，“就是”表示假设性让步，可以用“即使”去替换；或者表示转折，可以用“不过、可是”之类去替换。例如：

(4) 只要大家齐心协力，就是有天大的困难，这个任务也能完成。

(5) 精神还不错，就是胃口不大好。

例(4)的“就是”可以换成“即使”，例(5)的“就是”可以换成“不过”或“可是”。“即使、不过、可是”等是连词，跟它们用法相同的“就是”也应划归连词。

有时，“就是”用在句末表示某种语气，相当于“就是了”，可以用“便了”或“罢了”去替换。例如：

(6) 我去就是，你放心吧！

(7) 我不过随便说说就是，你别太认真了！

例(6)的“就是”可以换成“便了”，例(6)的“就是”可以换成“罢了”。“便了、罢了”是语气助词，“就是”和前面说过的“就是了”一样，也应划归语气助词。

有时，“就是”用于句首表示评判，相当于“对”或“不错”。例如：

(8) 就是，就是，您的话很对！

(9) 就是，不错，是这么个情况。

这里的“就是”，可以说成“对”或“不错”。“对”是形容词，“不错”可以说是形容词性短语词。“就是”既然可以跟“不错”并用，可以替换为“对”或“不错”，也应承认是形容词性的。

以上，判定“就是”具有副词、连词、语气助词等多种词性，都是采用类比的方法。

4. “加以”

“加以”后边常带由双音动词充当的宾语，如“加以总结”，“加以讨论”。“加以”后面的动词，实际上已经指称化（参看第八节里“句管控中动形词性的条件变异”的有关部分），它们可以带上定语，如：“加以科学的总结”，“加以认真的讨论”。再如：

(1) 外来干部和本地干部的关系，必须加以很好的注意。

(2) 为此目的，就要详细地占有材料，加以科学的分析和综合的研究。

这里，“加以”后边用于宾语部分的动词“注意、分析、研究”，都指称行为，都带上了定语。

既然“加以”能带宾语，它就可以肯定是动词。

但是，“加以”并不是在任何场合都是动词。例如：

(3) 现在是爆烈弹呀烧夷弹呀之类的东西已经做出，加以飞机也很进步，如果要做名人，就更容易了。

(4) 他非常聪明，加以特别用功，所以进步很快。

首先，这里的“加以”连接分句与分句，表示进一层的关系。这说明，它具有连词的特点。其次，它可以用连词“并且、而且”之类去替换，应跟“并且、而且”等同类。再次，它不具备动词“加以”的上述特点，不同于动词“加以”。可见，这种“加以”属于连词。

以上，在证明“加以”是动词时，用直接判定的方法；在证明“加以”是连词时，综合使用了直接判定、类比和排他的方法。

（二）归类条件的坚持

在判定同形异类现象的归属时，必须始终坚持归类中起决定作用的条件。不能情况一复杂，就把起决定作用的条件抛开不管，而采取简单化的办法。那样，容易产生违反同一律的错误，从而造成混乱。

举些例子，略加讨论。

1. “一起”

在多数情况下，“一起”是处所名词。它表示“同一个处所”的意思，有时兼表时间，即表示“同一处所和同一时间”。作为处所名词，它可以用在“在、到”的后边。如果“在、到”是动词，它就是宾语；如果“在、到”是介词，它就跟“在、到”一起组成介词结构作状语或补语。例如：

(1) 我们又在一起了！

(2) 我们又到一起了！

(3) 我们又在一起工作了！

(4) 我们又走到一起了！

(1)、(2)两例，“在、到”是动词，“一起”作宾语。例(3)，“在”是介词，“在一起”作“工作”的状语。例(4)，“到”是介词，“到一起”作“走”的补语。（也可以分析为：“一起”做“走到”的宾语。）

能够跟“在、到”发生组合关系，这是“一起”作为名词的决定性条件。不管它在什么情况下出现，都应坚持使用这一条件。例如：

(5) 后来，他们一起领导了“八一”南昌起义。

(6) 雷锋又同列车员一起打扫完车厢，才离开车站。

这里的“一起”单独充当状语。但是，他们的前边可以添上“在”，说成“在一起”：“在一起领导了……起义”，“同列车员在一起打扫完车厢”。(《在延安文艺座谈会上的讲话》中有这样的用法：“和共产常、八路军、新四军在一起从事于伟大解放斗争”。)应该承认，这里的“一起”还是名词。再如：

(7) 我家的后面有一个很大的园，相传叫百草园。现在是早已并屋子一起卖给朱文公的子孙了。

(8) 这几次试验一起花了多少时间？

这里充当状语的“一起”，前边直接加“在”比较别扭；但在保持句子基本意义不变的前提下，可以变换为“合到一起”或“合在一起”：“百草园早已和屋子合到一起卖给……”，“几次试验合在一起花了……”。这种变换形式证明“一起”还是可以跟“在、到”发生组合关系，它还是名词。

有时，“一起”作状语，单纯表示时间，怎么变换都无法让它出现在“在、到”后边。这样的“一起”，才不是名词，而是副词。例如：

(9) 大家听我的口令一起拉！

这个“一起”具有纯状语性，是时间副词。

我们不能认为，出现在“在”、“到”后边的“一起”才是名词，而凡是单独作状语的“一起”都算副词。这样处理，简便是简便，但在判定副词时把必要条件当充足条件来使用了。如果在词性单一时按某条件归类，在词性复杂时不能坚持这一条件，那便是不遵守同一律了。

除了名词、副词两种用法之外，“一起”有时是数量结构，如“一起案件”。这是明显的，不必多说。

2. “本来”

“本来”有时是形容词，作定语，表示“原有、原先”之类的意思，如“本来面目”、“事物的本来的辩证法”、“这件衣服的本来的颜色”。把这种“本来”判为形容词，比较容易接受，因为它不可能是副词或别类的词。

“本来”有时是副词，作状语，表示理所当然的语气，如“本来就该这么办！”“当天的功课，本来就应该当天做完。”“本来嘛，学习文化就得下功夫。”把这种“本来”判为副词，也容易接受，因为它不可能在形容词的位置上出现，不可能是形容词。

有时，“本来”归形容词还是归副词，可能引起争论。这涉及依据什么条件来判别的问题。例如：

(1) 这种纸花的颜色本来是很鲜艳的。

(2) 他本来身体很瘦弱，现在可结实了！

(3) 县长本来已经决定把他留下，可是他还是坚决要求去支援新建单位。

一方面，“本来”作状语；另一方面，“本来”表示“原先”的意思，可以在保持基本意义不变的情况下，通过结构变换，出现在“事物的本来的情况”这样的格式里：如例(1)可以说成“颜色鲜艳是这种纸花的本来情况”(还可以说成“这种纸花的本来的颜色是很鲜艳的”)。例(2)可以说成“身体瘦弱是他的本来情况”，例(3)可以说成“事情的本来情况是县长已经决定把他留下”。从前一方面看，它像副词“本来”；但从后一方面看，它跟作定语的“本来”是性质相同的。设 A＝作定语，表示

“原有”、“原先”意思的“本来”；B＝作状语，表示“原先”意思的“本来”；C＝作状语，表示理所当然语气的“本来”。那么，归类上可能有这样的分歧：

形←［A］→形

副←［B］→形

副←［C］→副

一种意见：作定语的，是形容词；作状语的，是副词。

一种意见：表“原有”或“原先”，能在“事物的 X 情况”格式中出现的，是形容词；表理所当然，不能在“事物的 X 情况”格式中出现的，是副词。

前一种意见，把 BC 都归副词，是因为它们都作状语。但是，已知作状语的不一定都是副词，那么“BC 归副”显然缺乏充足理由。既然 A 和 B 在意义上有明显联系，在结构上都能在“事物的 X 情况”格式中出现，那么，把它们都归入形容词，才是遵守同一律，坚持归类条件。

跟“本来”类似的情况，并不罕见。以“直”来说，在“直路”里是形容词，在“直哭”里是副词，这是没问题的。在“向对岸直射过去、向上直升”里，虽然作状语，但仍然是形容词，不能算副词。

3. “一样”

“一样”有时是形容词，有时是助词。

形容词“一样”，作定语、谓语、补语时可以受“不、不很、很不”等的修饰，作状语时可以替换为“同样”。例如：“一样的看法（作定语）→不一样的看法，很不一样的看法”；“现在男女都一样（作谓语）→以前男女不一样，很不一样”；“写得一样不一样？（作补语）→写得不一样，不很一样”；“新老干部一样需要不断学习（作状语）→新老干部同样需要不断学习”。

助词“一样”，附着在词语后边表明比似关系，跟“像”字相配合，成为“像……一样”的格式；它不能受“不、不很、很不”之类的修饰，不能用“同样”去替换，一般可以替换为“似的”。例如：“像鲜血一样→像鲜血似的→*像鲜血不一样”；“好像飞一样→好像飞似的→*好像飞同样”。

用助词“一样”的“像”字句，有时表示比喻，有时表示比较（即表示同类事物的相比关系）。如“像鲜血一样”、“好像飞一样”都是比喻，又如：

（1）我们要像张小山一样关心集体的荣誉。

（2）他长得像他父亲一样。

这两例都不是比喻，而是比较。其中的“一样”也不能说成“不一样”，也是助词。

不管表示比喻还是比较，用助词“一样”的句子有时未用“像”字。但是，可以添上“像”，或者可以把句子改为“像”字句。比如“牛马一样的生活”，可以加上“像”：“像牛马一样的生活”。又如“大伯大娘把我们当作自己的亲儿女一样”，可以改成“像”字句：“大伯大娘把我们像自己的亲儿女一样地看待。”

在大多数情况下，形容词“一样”和助词“一样”容易辨别。但在下面的句子里，就出现了纠缠的现象：

（3）我跟他一样喜欢打乒乓球。

（4）我跟他一样高。

（5）我妹妹长得和我母亲一样。

这类用“和、跟”的句子，也表示比较，跟表示比较的“像”字句是近似的。但是，这里的“一样”能受“不”或“不很、很不”的修饰，又不同于“像”字句中的“一样”。例如：

(6) 我跟他不一样，不喜欢打乒乓球。

(7) 我跟他不一样高。

(8) 我妹妹长得和我母亲不一样。

助词不能受副词的修饰。这里的“一样”既然能受副词的修饰，它就不是助词，而是形容词。从表面上看，“他长得像他父亲一样”和“他长得跟他父亲一样”差不多，然而，实质上它们是不同的。这可以从它们的不同的变换形式清楚地看到。比较：

像他父亲一样	跟他父亲一样
*像他父亲不一样	跟他父亲不一样
*像他父亲不很一样	跟他父亲不很一样
*像他父亲很不一样	跟他父亲很不一样

可见，“像……一样”中的“一样”是助词，“和(跟)……一样”中的“一样”是形容词，不能混为一谈。

如果以表示比似为条件，仅仅依靠“像他父亲一样”和“跟他父亲一样”的表面相似现象来下判断，抛开能否受“不、不很、很不”等修饰这样的特点，那就不是坚持归类的条件，不能在归类中始终保持标准的确定性和一贯性。

四　一些成分词的归类

归类中，各类词都不同程度地存在着自身的特殊问题，有必要分别说一说。这一部分讨论一些成分词。

（一）几个名词

判别名词，首先要抓住几个重要特点，如能受物量结构的修饰，能同介词组合，能作主语宾语，等等。但是，由于这些特点对内并不具有普遍性，对外并不具有封闭性，因此，在给具体的词定性归类时，必须注意分清条件的性质，善于抓住一切对论证有利的条件，并且善于灵活地运用直接判定、排他、类比等方法。

1. “最近”、“最后”、“末了”

“最近”有时表示跟“最远”相对的意思，是两个词：“最”是副词，“近”是形容词。例如：

（1）奇怪的是，靠大队会计最近的一个生产队长，这会儿不仅不去“抢肥料”，反而缓缓地走到门口，坐在门坎上，吹燃纸煤，吸起旱烟来。

“最近”有时是一个时间名词，指说话前后不久的日子。它可以出现于“在、到”之类后边，不同于时间副词。比较：

（2）最近周小梅对厂长的态度，却似乎有些令人捉摸不定。

(3) 这点粗浅道理，直到最近我才算弄清楚！

“最后”有时明显地表示跟“最前”相对的意思，相当于“最后面”，是两个词：“最”是副词，“后”是方位词。例如：

(4) 名单上，你排在最前，他排在最后。

在大多数情况下，“最后”结合很紧，整个儿表示一段时间或某种次序的末尾，相当于“末后”。表示跟时间意义有关时，结合最紧，应归时间名词，如“战斗到最后胜利”；不表示时间，只跟位置次序意义有关时，结合松些，更像短语词，可算处所名词，也可看作是相当处所名词的短语词，如“改动了最后一节”。

表示时间的“最后”，经常作状语，但它的前边可以添加介词“到”，因此，不同于时间副词。比较：

(5) 最后，大家一致同意巧巧的意见，买了一部抽水机。

(6) 到最后我几乎是每爬一阶歇一下。

“末了”相当于“最后”，有时是时间名词，例如：

(7) 末了，他笑一笑说道，“那时候我们的确有‘无穷的忧虑’！……”

(8) 结果连续十五发，越打越差劲，末了的两发竟然脱靶而飞了。

有时“末了”单纯表示跟位置次序有关的意义，可算处所名词。例如：

(9) “黄家阿嫂，不认得我了吧？卢大哥托我带信来了！”末了这句话也是约好的。

(10) 第五行末了的那个字我不认得。

2. “早”、“清早”、“一清早”

名词“早”在现代汉语里总是跟“晚”并举使用。“早”和“晚”可以分别用在“从”和“到”的后边，成为两个介词结构连用的格式。例如：“从早到晚（干活儿）。”这种“早”可以用“早晨”或“早上”去替换。

“早”还经常用作形容词和副词。

形容词“早”可以前加“很、最、太、比较”之类，或者后加“点儿、得多、得很”之类。如：你来得很早。丨我来得最早。丨我比你早点儿。丨我比你早得多。在某些特定的格式里，不能直接在“早”的前后添加表示程度或比较的成分，但实际上还是包含着有关的意思。比如“老师早！——同学们早！”实际上包含着带有程度的赞叹，借以表示客气：“老师，您好早！——同学们，你们也很早！”

副词“早”总是作状语，可以替换为“早已、早就”，常跟句末语气助词“了”相呼应。如：他早调到北京去了。丨我早不干这一行了。

“清早”只能用作名词，它可以直接同介词组合成介词结构。例如：

(1) 工作棚的板壁已经在清早被全部拆去。

“清早”有时同“一”组合成“一清早”。这是个名词性短语词，还是表示“清早”的意思，可以儿化（“一清早儿”），也可以同介词组成介词结构，例如：

(2) 揭幕典礼将在上午九时进行，从一清早公园中心的广场上就挤满了人，大家纷纷议论着、期待着。

3. “原来”

“原来”有时表示“起初，未变之前”的意思。它可以用在“是”字前后，形成主宾同形的格式；还可以用在介词“比”后边，一起组成介词结构。如：“原来是原来，现在是现在！”“他的身体，比原来好多了！”根据它可以在“是”字前后作主语、宾语，可以跟“比”组成介词结构，再类比“刚才是刚才，现在是现在”、“他的身体比过去好多了”之类用法，可知它也是时间名词。

运用中，时间名词“原来”经常作定语，大体上可以用“以前、过去”之类去替换。例如：

(1) 不久，原来的妇女主任被罢免了。

(2) 公安局不收，让他回原来的学校！

时间名词“原来”也经常作状语。这种“原来”不应被看作副词。例如：

(3) 原来驻扎在这里的几个主力团都调走了。

(4) 他原来是什么“菜市口老四”，特别厉害。

这里的“原来”，可以通过结构变换，出现在“是”字后边，成为宾语。例如：[甲]几个主力团原来驻扎在这里。——[乙]那是原来，现在已经调走了。又如：[甲]他原来是什么样“菜场口老四”。——[乙]那是原来，现在不是了。

这种“原来”也大体相当于“以前、过去”，它往往和时间名词“现在”对照使用。例如：

(5) 原来是一个孩子跑去接，现在是五六个孩子等着迎啦！

有时“原来”表示有所发现，有所领悟，只能作状语。例如：

(6) 啊呀！原来冯在山就是老冯！

(7) 啊，是她，原来是她！

这里的"原来"不具备名词的任何特点，不应和作状语的时间名词"原来"混为一谈。

4. "一生"

"一生"经常充当主语中心语或宾语中心语。尽管不能受数量结构的修饰，不能直接同"在、到"等组成介词结构，但也只能归入名词，而不可能是别类的词。例如：

(1) 他的一生，是艰苦奋斗的一生。

(2) 他为了全村人的利益，无私地献出了自己的一生。

前一个"一生"充当了主语中心语，后两个"一生"充当了宾语中心语。

"一生"指"一辈子"，包括从生到死的整个过程，具有明显的时间性。因此，它可以像时间名词那样，作状语。例如：

(3) 父亲一生注重实践。

(4) 我真舍不得离开这位一生披风沐雨的刚强的老战友。

这里，"一生"分别作"注重"和"披风沐雨"的状语。

（二）几个动词（附"一定"）

判别动词，抓住能带宾语这一点是最重要的。但是，它对内不具有普遍性，因此还必须注意发现和利用其他一切有利于论证的根据，并且善于灵活地运用各种方法。

1. “类似”

“类似”跟动词“像”一样，可以受“很、非常”等程度副词的修饰，在这一点上接近形容词，但它又可以受“相”的修饰，特别是可以带宾语，这是形容词不具备的特点。例如：

很类似　　　　很像

相类似　　　　相像

类似神话　　　像神话

综合考察“类似”的语法特点，并比较同类的“像”，它应归动词。

2. “仿佛”

“仿佛”有时是动词。有两种情况：一是可以用“类似”去替换，能受“相”的修饰；一是可以用“如同”去替换，能带宾语。例如：

(1) 我的情况，同十年前相仿佛。

(2) 山北面闪着几点星光，仿佛冬天昏暗的夜空出现的几点星星。

例(1)，“仿佛”受“相”修饰，可以替换为“类似”；例(2)，“仿佛”带宾语“(冬天昏暗的夜空出现的)星星”，可以替换为“如同”。

除了动词用法之外，“仿佛”还可以用作副词，表示揣度的语气，能用“似乎”去替换。例如：

(3) 他的脸色仿佛有些悲哀，似乎想说话，但竟没有说。

(4) 他觉得天气仿佛成心跟他过不去。

这里的“仿佛”是副词，相当于“似乎”，前一例里“仿佛”和“似乎”交错使用，是为了变异词面，避免呆板。

“像、好像、似”等，用法跟“仿佛”相近，有时是动词，有时也用作副词。比如“我像在哪儿见过他，可怎么也想不起来”，这里的“像”相当于“似乎”，是副词。又如：

(5) 花儿为什么这样红？红得好像燃烧的火！

(6) 她望了望所有的人，好像在和家人告别，和云周西村的乡亲们告别，嘱咐大家不要悲伤。

例(5)的“好像”是动词，带宾语“(燃烧的)火”(“好像燃烧的火”是动宾结构，作“红”的补语)，可以替换为“如同”。例(6)的“好像”是副词，可以用“似乎”去替换。又如：

(7) 正值夕阳西下，彩霞似火。

(8) 此事，似应从速办理。

例(7)的“似”是动词，带宾语“火”，可替换为“如”；例(8)的“似”是副词，可替换为“似乎”。

3. “够”

“够”有时是动词。它可以作谓语中心语，可以带宾语。例如：

(1) “像这样的椽子能不能当电杆？”

“尺码不够。”

“用两根接一根呢？”

“那就够了。”

这里，“够”充当谓语中心语。又如：

(2) 你要不依我，就不够朋友啦。

(3) 咱互助组把今年的麦子全卖了，也不够两头骡子的价！

这两例里，“够”带名词宾语。再如：

(4) 咱现在粮食也不是不够吃！

(5) 他们带了十七斤马肉，原以为够用，没想到肉吃光了，还是望不见草原。

这两例里，“够”带动词宾语。再如：

(6) 这样的椽子够高吗？

(7) 这点粮食够他吃三天吗？

例(6)，“够”带形容词宾语；例(7)，“够”带主谓结构充当的宾语。

不管带不带宾语，带什么样的宾语，动词“够”都可以用“X不X”的格式提问。如：“尺码够不够？”“够不够朋友？”“够不够吃？”“够不够高？”“够不够他吃三天？”

动词“够”有时也能受“很”的修饰，但它同时又能带宾语，因此，不可能是形容词。例如：

(8) 你很够朋友，在下手以前，还给对手打个招呼！

“够”有时用在补语的位置上，它后边实际上隐含着宾语“分量”之类(虽然“分量”之类一般不出现)，可见还是动词，例如：

(9) 我睡够了！

(10) 也许，当年对这本坏书批判不够？

“睡够了”等于“睡够了量”，“批判不够”等于说“批判得不够分量”。

有时“够”不是动词。它修饰形容词，不能说成“够不够”，可以替换为程度副词“很、相当”之类。这样的“够”是副词。

例如：

(11) 你为这二十吨小钢筋确实够辛苦的了。

(12) 也许，当年对小说的精华部分理解得也不够准确，不够深刻？

4. “留神”

“留神”有时是动词，表示“小心、注意、提防”之类的意思，可以带宾语，可以用“不、没”否定。例如：

(1) 留神汽车！

——你怎么不留神汽车？

我当时没留神汽车。

(2) 留神撞坏东西！

——你怎么这么不留神？

我当时实在没留神？

有时“留神”不是动词。它相当于“仔细、认真”之类形容词，总是作状语，不能用“没”否定，有时可以受程度副词“特别”的修饰。这样的“留神”是形容词。例如：

(3) 我留神观察很久了。

——今天我还要特别留神地观察一下。

注意：“我没留神观察？谁说的？”这里的“留神”还是形容词。“没”不是修饰“留神”，而是修饰“留神观察”的。

5. “是”

“是”的用法很多。一般用作动词，带宾语，表示判定。它像别的动词一样，可以说成“X 不 X……，X……不 X”，例如：

是老虎　　像老虎　　打老虎

是不是老虎　　像不像老虎　　打不打老虎

是老虎不是　像老虎不像　打老虎不打

动词"是"后边一般是名词或名词性结构。有时也可以是动宾结构、主谓结构、兼语结构等,但可以回答"什么"的问题,所以实际上带有名词性。如"我们的任务是攻占高地"。

动词"是"后边的词语也有不能回答"什么"的问题的。但"是"重在表示判定,往往有肯定判断和否定判断相对使用,如"他不是当演员,而是当教师。"有时虽然只出现一个肯定判断,但实际上隐含着一个相对的否定判断,如"我第一次见到他是在张先生家里",实际上隐含着"不是在别的地方"这一判断。

动词"是"有时不能说成"是不是",如"满头是汗",但不能否认它的动词性质,因为它后面出现了名词宾语。

还有一种"是",可以归助动词。它用在动词或形容词前边起表示有所肯定或有所强调的辅助作用,往往可以说成"X不X……""不X不……"。例如:

我是懂了。

你是不是懂了?

我不是不懂,是不想说。

6. "一定"

"一定"有时是助动词,表示意志坚决或确定无疑。

助动词的突出特点是用在动词形容词前边起辅助性的作用,可以说成"X不X……""不X不……"。"一定"具有这一特点。比较:

可能去　　　　一定去

可能不可能去　一定不一定去

不可能不去　　　不一定不去

一般把“一定”算副词。但是，副词根本不能进入“X不X……”“不X不……”的格式。这个词，在语法特点上跟典型的助动词大同小异，而跟副词只能说是小同大异，因此归入助动词较合适。把它放在副词里，似乎是“不纯分子”。相反，许多书把“必须”算助动词，但这个词不能说成“必须不必须……”、“不必须不……”，在语法特点上跟副词大同小异，而跟助动词则小同大异，因此应归入副词。把它放在助动词里，会对助动词起破坏作用。

“一定”有时表示“规定（的）”、“必然（的）”、“特定（的）”、“相当（的）”等意思，一般用作定语。这样的“一定”是形容词。例如：一个工厂哪能没有一定的规章制度？丨文章的深浅跟篇幅的长短没有一定的关系。丨一定的文化是一定社会的政治和经济的反映。丨他的技术水平已经有了一定的提高。

（三）几个形容词

能受程度副词的修饰，不能带宾语，这是形容词最重要的特点。但是，不完全符合这一特点的形容词，为数不少。好些形容词是不能受程度副词修饰的。这跟形容词本身的意义有关。有的形容词，本身包含有程度，因而不能再加程度副词。这有两种情况：一是状心式的形容词，“状”的部分已表明性状的程度，如“深红、浅绿、金黄、雪白、笔直、冰凉”等等；一是带叠音后缀的形容词，叠音部分既有摹状或拟声的作用，同时也表明了性状的程度，如“红通通、绿油油、黄灿灿、白茫茫、硬邦邦、笑嘻嘻、水汪汪”等等。有的形容词，表示固定的、没有程度高低之分的性状，因而加不上程度副词。如“真正的人”的“真正”，不能说成“很真正”。这种形容词，可以叫定质形容词，或者叫固态形容词。（许多语法著作叫“非谓形容词”，有的语法著作叫“区别词”。）

由于好些形容词不一定具有形容词的最明显、最基本的特点，给它们判定词性时同样必须善于利用各种条件和善于运用各种方法。

1. “正”、“副”、“绝对”、“相对”、“内在”、“外在”

这些形容词都是定质的，固态的。它们可以作定语，有的还可以在谓语部分里用于“是……的”之间。例如：

正队长	他是正的
副队长	他是副的
绝对真理	这是绝对的
相对真理	那是相对的
内在因素	
外在因素	

虽然它们不能受程度副词的修饰，而作定语和能用于“是……的”之间不是作为形容词的充足条件，但是我们可以通过排他法的运用，排除作为副词、动词、名词等等的可能性，从而肯定它们是形容词。

除了这几个之外，“真(真话)、假(假话)”，“初等、中等、高等、特等、头等”，“唯一(唯一源泉)”，“无形(无形战线)”，“权宜(权宜之计)”，“特定(特定环境)”，“天然(天然景色)”，“日常”，“永久”，“切身”，“公共”，“袖珍”等等，也是定质形容词。

按照同样模式构成的形容词，可能有些是定质形容词，有的则向非定质形容词转化。如“初级、中级、高级、超级、低级、特级”，其中的“低级、高级”可以说成“最高级、最低级、很高级、很低级”；“微型、小型、中型、大型”，其中的“小型、大型”可以说成“最小型、最大型”。

2.“男”、“女”、“公”、“母”、“雄”、“雌”

这些词，作定语时表性质，是定质形容词。

名词也可以作定语表性质，如“木头房子、木头人”。那么怎么知道“男”、“女”、“公”、“母”之类作定语时不是名词呢？

凡是作定语的名词，都可以通过添加词语的办法使之出现在动词或介词的后边，如“用木头做的房子，像木头一样的人”。这是用“扩展”的办法造成名词的语法环境，借以显示一个词的名词性质。再拿“外国青年”来说，它可以说成“从外国来的青年”，可见“外国”是名词；然而，“男青年”则和“小青年”一样，不能采取这样的“扩展”办法，可见“男”和“小”同类，应归形容词。

根据这种“扩展”办法，我们可以知道“彩色”是名词，而不是形容词。例如：彩色铅笔→有彩色的铅笔，彩色电视→有彩色的电视。

“男、女”如果用作主语、宾语，指某种性别的人，如“男耕女织、生男育女”，那当然是名词，不必赘说。

3.“故意”

“故意”也是定质形容词。它可以出现在“是……的”或“不是……的”之间。例如：

(1) 我看，你是故意的。

(2) 请原谅,我不是故意的。

"故意"也可以作状语,后面有时带"地",有时不带。这样的"故意"很像副词。例如:

故意提高声音

故意地把声音提高

故意涂改几个字

故意地涂改了几个字

但是,这种作状语的"故意",可以通过结构变换出现在"是……的"或"不是……的"之中,因此不可能是副词。例如:故意提高声音→提高声音是故意的|提高声音不是故意的。又如:

(3) 宋老定故意把鞭子啪的连响三声,……

这里的"故意"同样可以变换其在语言结构中的位置:宋老定啪响鞭子是故意的。|宋老定啪响鞭子不是故意的。

4. "难免"

"难免"是形容词,可以作定语,可以在谓语部分里用于"是……的"之间,有时也可以受"很"修饰。例如:难免的现象|这是难免的|搬家碰坏一些东西,也很难免。

"难免"也经常充当状语,乍一看和"不免"差不多。实际上,它们的词性是不同的。比较:

(1) 任务没完成,难免心情焦躁。

→任务没完成,心情焦躁是难免的。

(2) 任务没完成,不免心情焦躁。

→*任务没完成,心情焦躁是不免的。

"难免"是形容词;"不免"具有纯状语性,是副词。

5.“单独”

“单独”一般作状语，很像副词。例如：

单独行动　　　　单独地行动

单独生活　　　　单独地生活

单独发展　　　　单独地发展

但是，它有时候可以作定语。例如：

(1) 有时看见那个年青的工人，单独一个人坐到清水河车站下车，没有那两三个年青的女工在一起。

(2) 我们不能把她看成一个单独的人。

(3) 在一次单独的电视采访中，一名学生领袖发表了对有关问题的意见。

例(1)“单独”作“一个人”的定语，例(2)“单独”作“人”的定语，例(3)“单独”作“电视采访”的定语。

另外，它也可以由状语转化为定语。比较：

(4) 我们反对你单独(地)行动。

(5) 我们反对不遵守命令的单独(的)行动。

例(4)“单独地行动”，“单独”是“行动”的状语；例(5)“单独的行动”，“单独”是“行动”的定语。

这些特点，都是副词所不具备的。这个词，要么是副词，要么是形容词，没有别的可能。既然不属于副词，那么，自然应归形容词。

6.“无谓”

“无谓”可以用作定语，也可以用于谓语部分，前面附加“真、真是、太”之类表示强调的成分。例如：

(1) 我们不能作无谓的牺牲。

(2) 为这点小事吵架，真是无谓！

(3) 为这点小事吵架，太无谓了！

这个词，无法证明是动词。相反，它出现于一般形容词出现的语法环境（如“太X”）里，应归形容词。

7. “许久”

“许久”不能作定语，也不能作谓语；但是，能作状语和补语。例如：

(1) 他许久没来了。

(2) 大家商量了许久，才想出办法来。

这个词不可能是时间副词。因为既能作状语又能作补语，这不是时间副词所具备的特点。再说，它可以用“很久”去替换。而“很久”明显地是形容词性的结构。所以，它只能归形容词。

8. “抱歉”、“抱愧”

“抱歉”表示心中不安，“抱愧”表示心中有愧，从意义上说有一定的动态。但是，它们能受程度副词的修饰（“很抱歉”、“很抱愧”），不能带宾语，应根据语法特点归入形容词，可以看作是形容心理动态的形容词。

类似的词，还有“惭愧、着急、愤怒、兴奋、愉快”等等。

9. “整”、“整整”

“整”有多种意义，分属不同词类。“仪容不整”的“整”是形容词，“整人”、“整旧如新”的“整”是动词，这都不必讨论。

“整”有时表示“完全，无剩余或不残缺”的意思，常跟量词、准量词或数量结构配合使用。有时，插在数量之间（“三整天”）；有时，用在数量之前（“整三天”）；有时，用在数量之后

(“八年整”)。这个“整”,应归形容词。因为,能插入数量之间的只是少数几个形容词,别类词不行。比较:

一整块　　一满碗　　一大块　　一小碗

“整整”是“整”的叠用形式,有强调的作用,跟“满满”是“满”的叠用形式一样。它们都是形容词,既可以用在数量结构之前,也可以用到动词前边。例如:

谈了整整一夜　　　　装了满满一碗

整整地谈了一夜　　　满满地装了一碗

“数词+形+量词”的格式,若数词是“一”,可以省去,剩下“形容词+量词”。如“整套”是“一整套”的省略形式。

(四) 几个副词

判别副词,必须结合意义紧扣纯状语性这一条件,并且注意运用各种方法。

1. “继续”

“继续”有时用于宾语部分,表示与某一事有连续关系的另一件事。这样的“继续”是名词。例如:

(1) 本届会议是上届会议的继续。

“继续”有时用作谓语中心语,表示事物活动或事情变化的延长。它可以带状语和补语,也可以带由名词性词语充当的宾语。这样的“继续”是动词,例如:

(2) 这种情况还在继续。

(3) 这种情况一直继续到现在。

(4) 这种情况继续了很长一段时间。

"继续"也经常用在动词或动词结构的前边，这时，"继续"是作谓语还是作状语？把这一点弄清楚，对于给这个词定性是很重要的。先看一例：

(5) 务必使我们的同志继续地保持谦虚、谨慎、不骄不躁的作风，务必使同志们继续地保持艰苦奋斗的作风。

"继续"带了"地"，明显是状语。上例引自一篇中学课文，课文的标题是"继续保持……"，正文里则说成"继续地地保持……"，这说明状语"继续"后边可带"地"也可不带"地"。再如：

(6) 我继续地固执地寻求着。

不用"地"说成"我继续固执地寻求着"，意思是一样的。这也说明状语"继续"后边用不用"地"是自由的。再看两例：

(7) 这部伟大的历史巨著，正待我们全体科学工作者和全国各族人民来共同努力，继续创造。

(8) 他停了一下，又继续说："到正月十五那天，我们大家又团聚在一起了。"

例(7)，"共同努力"和"继续创造"是同样的结构。对比之下，"继续"的状语身份是明显的。例(8)，把"继续"分析为状语，很好理解。若分析为谓语中心语，"说'正月十五那天，……'"就整个儿成为"继续"的宾语，这是说不通的。

那么，作状语的"继续"属哪类词？我们认为，是副词。从它们身上，已找不到动词的特点。再说，它们一般都可以用副词"仍然"或"照样"来替换。

在"继续动着"这个格式或意思相近的其他格式里，"继续"替换为"仍然"或"照样"都可以。例如：

(9) 这支年轻的队伍,在极端困难的情况下,继续顽强地斗争着。

(10) 伤势稍有好转,我含着感激的眼泪离开了王大娘和乡亲们,继续过着流浪的生活。

在"继续动下去"这个格式或意思相近的其他格式里,"继续"可以替换为"照样"。例如:

(11) ……产量很快就增加了,因此社管会要他们继续干下去。

(12) 疲困的战士从滑溜的泥巴地上爬起来继续行军。

必须指出,在特定的语言环境中,动词"继续"也可以带动词宾语。(作"继续"的宾语的动词,实际上已经指称化。参看第八节里"句管控中动形词性的条件变异"的有关部分。)但是,这个宾语实际上是"继续"的潜在的逻辑主语,它可以移到句首成为真正的主语。例如:

继续不继续射击?

继续射击!

射击继续!

在一般情况下,如果原句中"继续"后边的动词不能前移为主语,同时"继续"可以带"地",可以换成"仍然"之类,那么,都应承认它是副词。例如:

(13) 画轴继续展开。

(14) 它们从来不争,不计较什么,还是继续劳动,继续酿蜜。

例(13),说成"画轴展开继续"不成话,说成"画轴继续地展开”、“画轴仍旧展开”却很顺当；例(14)，说成“还是劳动继续，酿蜜继续”不成话，说成“还是继续地劳动，继续地酿蜜”，“还是照样劳动，照样酿蜜”却很顺当。这里的“继续”是副词，而不是动词。

2. “开始”

“开始”具有名词、动词、副词三种词性。例如：

(1) 他开始是徒工。后来成了优秀的工程师。

(2) 他开始了新的斗争生活。

(3) 他开始唱起来了。

例(1)“开始”是时间名词；例(2)“开始”是动词；例(3)“开始”是副词。时间名词“开始”可以替换为“起初、最初”，容易辨别。动词“开始”和副词“开始”的区别却要讨论一下。

首先，要承认“开始”像“继续”一样，有时可以做状语，有副词用法。比较：

正在唱着

已经唱了

曾经唱过

继续唱下去

开始唱起来

很明显，动词“唱”的前后附带成分都起着表示时态的作用：“正在……着”表示动作的进行，“已经……了”表示动作的完成，“曾经……过”表示动作的经历，“继续……下去”表示动作的延续，“开始……起来”表示动作的始现。“正在”、“已经”、“曾经”、“继续”、“开始”的句法地位是相同的，它们应该都是状语，应该都是副词。

进一步，要看到副词"开始"和动词"开始"有区别。

动词"开始"有下列不同于副词"开始"的特点：

第一，可以用作谓语中心语。例如：

(4) 现在伟大的经济建设工作即将开始，而地质工作必须走在前面。

(5) 合浦珠的采捞，从汉代就开始了，至今已有将近两千年的历史。

第二，可以带由名词性词语充当的宾语；带宾语时，一般后加"了"。例如：

(6) 从此，父亲在事业上开始了一个崭新的起点。

(7) 刘胡兰在艰苦的环境中开始了新的斗争生活。

第三，也可以带动词宾语。(作"开始"的宾语的动词，实际上已指称化。参看第八节里"句管控中动形词性的条件变异"的有关部分。)但动词宾语前边可以添加定语，而且整个宾语部分可以很自然地移到主语部分。比较：

(8) 他们披着长发，拿着武器，又开始了战斗。

(9) 战斗又开始了。

(10) 他们不久就开始了对红色区域的"围剿"。

(11) 他们对红色区域的"围剿"不久就开始了。

副词"开始"有下列区别于动词"开始"的特点：

第一，副词"开始"不带"了"，后边的动词谓语或"动词谓语＋宾语"一般可加"起来"或"起……来"。例如：

(12) 他在银行的存款开始增加起来。

这里，动词谓语"增加"后加"起来"。再如：

(13) 中华人民共和国960万平方公里上面的劳动人

民，现在真正开始统治这地方了。

(14) 说着，就开始讲大伯劳苦的一生。

例(13)，可以说成“现在真正开始统治起这块地方来了”；例(14)可以说成“就开始讲起大伯劳苦的一生来了”。

第二，副词“开始”是时间状语，如果有个情态状语出现在它的前边，这个情态状语可以移到它的后边，直接修饰动词谓语。比较：

(15) 于是大家紧张地开始背伞。

(16) 于是大家开始紧张地背伞。

第三，副词“开始”表示初始，如果把句子改造得带有文言味，就可以知道副词“开始”大都可以简缩为“初”或“始”。例如：

(17) 布谷鸟开始歌唱。

(18) 情况已开始有了一些改变。

例(17)“开始歌唱”可以压缩为“初唱”；例(18)“开始有了一些改变”可以压缩为“始有改变”。

总之，不要把副词“开始”和动词“开始”混为一谈。

3. “恐怕”

一般情况下，“恐怕”是语气副词，在句子里作状语。它跟“大概、也许”等语气副词用法相同，地位比较灵活，往往既可以出现在主语前边，也可以出现在主语后谓语前。例如：

(1) 这五年“社会大学”，我可真懂得什么叫“社会”啦。姚一真呢，她恐怕也毕业了。

(2) 可惜天气不佳，恐怕你们看不见日出了。

有时“恐怕”不是副词。它表示“担心”的意思，作谓语，带宾语。这样的“恐怕”是动词。例如：

(3) 我因为常见些但愿不如所料，以为未必竟如所料的事，却每每恰如所料的起来，所以很恐怕这事也一律。

像“担心”一样，这里的“恐怕”是一个表示心理活动的动词。

4. “一律”

“一律”有时是副词，总是作状语，大都可以用“一概”去替换。例如：

(1) 人民法院审判案件，除法律规定的特别情况外，一律公开进行。

(2) 它所有的丫枝一律向上，而且紧紧靠拢。

有时“一律”是形容词，不是副词。这种“一律”，相当于“相同”，一般作谓语。如“千篇一律”、“规格一律”，又如鲁迅《祝福》里“(很恐怕)这事也一律”。

5. “附带”

“附带”有时是副词。它修饰动词，作状语，可以用“顺带”来替换。如“附带说几句，附带写几句，附带谈谈两个问题。”

有时“附带”是形容词，不是副词。这种“附带”表示“非主要”的意思，可以作定语，也可以在谓语部分里用于“是……的”之间。如“附带条件，这个条件是附带的”。比较下列用法：

(1) 除此以外，还得附带声明几句。

(2) 除此以外，还有一个附带的声明。

前者作状语，表“顺便”；后者作定语，表“非主要”。二者意义不同，应分属副词、形容词两类。

6. “难以”、“足以”

“难”是形容词，“难下咽”可以说成“很难下咽”，还可以说成“下咽难，下咽很难”。但“难”和“以”结合成“难以”，就只能用在状语的位置上，不再具有形容词的特点，应归副词。

能不能说“难以”是动词，它后边的动词是宾语呢？不能。我们无法证明“难以”后边的动词是宾语，因而无法证明“难以”是动词。比较：

给以援助	难以援助
给以适当的援助	———

“给以”后边的“援助”能带定语，可知是宾语，由此可以证明“给以”是动词。“难以”后边的“援助”不能带定语，无法证明是宾语。相反，“难下咽”和“难以下咽”、“难援助”和“难以援助”意思相同，承认它们有“形＋动”和“副＋动”的区别，但说它们都是状心结构，这是容易理解和接受的。

“足以”也总是用在状语位置上，如“足以说明问题”。它跟“难以”一样，应归副词。

“足以”表示完全可以的意思，能不能算助动词呢？不能。它不具备作为助动词的必要条件，如不能说成“足以不足以……”或“不足以不……”。

7. “宁可”、“宁肯”、“宁愿”

“宁可”、“宁肯”、“宁愿”都是语气副词，强调抉择的决心。它们经常用于存在取舍关系的有所忍让的复句，跟下文的“也不/也要”或上文的“与其”呼应，有比较明显的关联作用。如：

(1) 他宁可倒下去，不愿屈服。

(2) 我宁肯硬着头皮让她骂三天，也不愿替自己留这条不光彩的路。

(3) 我们宁愿帮千人万人，不能帮助他老张！

这几个词，虽然有比较明显的关联作用，但不是连词。它们的修饰作用，即状语性，在某些句子里，是十分明显的。例如：

(4) 为了不出卖灵魂，我宁愿居住在这卑陋潮湿的茅棚。

(5) 本来他可以坐汽车去，但是他宁愿步行穿过公园。

这里的"宁愿"显然不是连词。

再比较：

(6) 与其他受累，宁可我多干点。

(7) 宁可我多干点，也不让他受累。

(8) 为了不让他受累，我宁可多干点。

(9) 我还是宁可多干点的好。

说"宁可"是副词，四句都解释得通；说"宁可"是连词，后两句就解释不通了。

顺便指出：作为语气副词，"宁可"可以用在谓语前主语后，也可以用在主语前边。例如：

(10) 自己宁可吃点亏，也不叫亏了人。

(11) 宁可自己吃点亏，也不叫亏了人。

8. "反而"、"反倒"

"反而"表示跟上文意思相反或出乎预料和常情之外，是个语气副词。它常用于"不但不(没)……反而……"这种类型的递进句，有比较明显的关联作用，但不是连词。

首先，“不但不（没）……反而……”实际上等于“不但不（没）……而且反而……”，“不但”和“而且”呼应，“不（没）”和“反而”呼应。（在一次讨论会上，张拱贵先生发表过这一意见，不敢掠美。）所以，不能用“不但不（没）……反而……”这样的格式来证明“反而”是连词。例如：

（1）我不但不嫉妒，反而更高兴。

这句话，实际上隐含着“而且”，即：“我不但不嫉妒，（而且）反而更高兴。”跟“不但”呼应的，是隐含着的“而且”，不是“反而”。

其次，“反而”不一定用于递进句。例如：

（2）时间长了，大伙儿反而忘了她的真实姓名。

（3）令人惊异的是，他的公司后来反而走运了。

这里，“反而”的修饰作用特别明显，它们显然不是连词。

口语里，“反而”说成“反倒”。例如：

（4）事情一说通，我心里反倒痛快了。

（5）常是这样，人要是饿了常心慌，如饥饿过度，反倒没什么感觉了。

为了变异词面，避免呆板，“反而”“反倒”可以交错使用。例如：

（6）他这样多管闲事，社员们不讨厌，反而觉得社里经常有这样一个敢说敢叫的人，反倒提醒着大家对公共财产的爱惜。

五　一些特殊成分词的归类

这一部分，举出特殊成分词中值得讨论的一些词略加分析。量词的判别问题不大，不讨论；拟音词包括叹词和象声词，它们的识别问题也不大，也不讨论。

（一）几个数词（附“一带”）

数词和量词是两类特殊的成分词。特殊之处在于：数词或量词尽管有时可以分别单独充当句子成分，但它们又经常组合成为一个使用单位，充当一个句子成分，整个“数词＋量词”的结构往往被俗称为“数量词”。

辨认数词，最主要的是紧扣“能跟量词组合”这一根本特点。

1. “许多”、“多”

“许多”的词性，学术界有不同意见。陆志韦等《汉语的构词法》说：“许多”是形容词，不是数词。（科学出版社 1957 年，45 页）吕叔湘先生则认为：“应该归入数量词一类，一般等于数量加量词，或者说是不需要带量词的数词，但是偶然也带量词。”（《语文札记》，《中国语文》1965 年 5 期 344 页）

在动补结构里，“许多”能跟动量词组合，一起作补语。例如：

唱了许多遍

问了许多次

去了许多回

在以名词为中心的定心结构里，“许多”虽然经常直接修饰名词，但也可以跟物量词组合，一起作定语。例如：

许多家具	许多套家具
许多战士	许多名战士
许多杂志	许多种杂志

再看下列例子：

(1) 木头上坐满了人，许多张年轻战士的脸，许多对漆黑发亮的眼珠，全朝着舞台。

(2) 许多个忙碌的日子之后，我终于有机会造访了自己向往已久的华盛顿菲里阿美术陈列馆。

形容词不能像这样直接地同量词组合。可见，这个词是数词而不是形容词。

必须指出，表示数目较大的数词，是常常可以直接修饰名词的。有的数词，还可以按AABB式重叠，表示强调。因此，可以直接修饰名词和可以按AABB式重叠，不能成为否认“许多”是数词的理由。比较：

许多新同学	二百多新同学
许许多多革命先烈	千千万万革命先烈

跟数词“许多”相当的，是数词“多”。（“多”属多种词类。请参看第五节里“几个助词”部分对“多”的解说。）

凡是能跟量词、准量词组合成数量结构，能替换为“许多”的“多”，都应归数词。如：

(3) 在居住中国的十四年间，大卫神甫曾把许多种中国特有的动植物介绍给海外的科学世界，其中包括三种中国最著名的特产动物。

(4) 北宋学者沈括，通晓多种科学，可是在诗词方面，他却出过笑话。

这里，“三种”、“许多种”、“多种”都是数量结构。例(2)的“许多种”可以说成“多种”；例(3)的“多种”也可以说成“许多种”。

2. “好些”

“些”是物量词。它和其他物量词一样，可以跟数词“一”组成指量结构，和“这、那”组成指量结构，也可以单独用于动宾之间。比较：

个	件	些
一个	一件	一些
这个	这件	这些
有个人	有件事	有些问题

“些个”是复合的物量词。它同样可以和“一”组成数量结构，和“这、那”组成指量结构，如“一些个，这些个”。“些个”和“几个”都 可以加“好”强调程度，如“好些个”“好几个”，但“几个”本身是数量结构，不能再加数词“一”说成“一几个”，而“些个”则可以说成“一些个”。

这里要特别讨论一下数词“好些”。

“好些”和“许多”特性相同，可以跟物量词组合，也可以跟动量词组合。例如“好些碗饭、好些本书、好些位朋友、好些支钢笔”，“去过好些次、看过好些遍、说了好些回”，等等。

“好些碗”等跟“好些个”有所不同。首先，不能认为“些碗、些本、些位”等已结合成词，却可以认为“些个”已结合成词。如在“他是弟弟，你应该让他吃些个”里，“些个”单用，而“些碗”之类是不能单用的。这说明，“好些碗”等是“好些 | 碗”，而“好些个”则是“好 | 些个”。其次，在“好些碗、好些本”这类说法里，“碗、本”等的量词性很强，使用时必须注意它们跟事物的搭配习惯；而在“好些个”里，“个”已和“些”结合成“些个”(“些个”就是“些”，“个”已弱化，只有帮衬作用，不单独起计量作用)，因而不必注意“个”和事物的搭配习惯。如“今天他买了好些个业务书”，这里给“书”计量的是“些个”，而不是“个”。这说明“好些|碗”等是“数・量”，而“好|些个”是“程度・量”。

根据上面的分析，较妥当的处理应该是：①“好些”在单用或跟“个”以外的量词配合使用时，算数词；②“些个”是复合量词，“一些个”是数量结构。③“好些个”是“程度・量”的结构，不同于“好些碗”之类，但它结合较紧，作用跟“好些”相当，可算数词性短语词。

“好几碗、好几回”和“好些碗、好些回”有些相像，但它们的结构并不相同：“好几碗、好几回”是“程度・数・量”，可以不说“好”，只说“几碗、几回”；“好些碗、好些回”是“数・量”，不能只说“些碗、些回”。

学者们对“好些”、“些个”、“好些个”、“好些碗”等现象的看法分歧很大。下面摘录几条意见，供读者参考。①胡附《数词和量词》认为量词“些”后面可加“个”说“些个”或“好些个”。(新知识出版社 1957 年，35 页)②丁声树等《现代汉语语法讲

话》认为"些个"是复合量词，前头可加"好"字。(商务印书馆1961年，177页)③陆志韦等《汉语的构词法》把"好些"算数词，认为号称数词在语法上是可以怀疑的，但归入别类词更不妥当，"好些|个|人"可以勉强作为数·量·名。(科学出版社1957年，45页)④《现代汉语八百词》把"好些"归数词，认为"好些个"和"好些本"、"好些回"等都是"数+量"。(商务印书馆1980年，229页)⑤《现代汉语词典》既收"好些"，说是等于"许多"，指出也说"好些个"；又收"些个"，说是等于"一些"。(商务印书馆1973年，399页，1135页)

3. "无数"

"无数"也是数词。它表示极大的数目，作定语时后边一般不带量词。但是，也有带量词的。例如：

(1) 无数颗星星在茫无涯际的宇宙中运行着。

(2) 黄狄把眼睛睁得圆圆的，那眼光像射出无数个奇怪的问号。

至于同"次、回、遍"之类动量词结合作状语或补语，则是常见的。例如：

(3) 往夕，我天天望见宝塔，无数次从它脚边走过。

(4) 我骑了一整天马，问了无数次路。

有时，"无数"不是数词。在"心中无数"这样的用法里，"无数"形容不知底细，没有把握，是由动词"无"和名词"数"组合而成的形容词性短词语。

4. "千万"

"千万"有时是数词。它经常跟量词一起组成数量结构。例如：

(1) 千万盏电灯连成了一片。

(2) 千万座高山峻岭,都被我军占领了。

数词"千万"可以重叠成"千千万万"。例如:

(3) 千千万万烈士的鲜血洒遍了祖国的河山。

有时"千万"不是数词。它用于祈使句,作状语,可以用"务必"去替换。这样的"千万"是副词。例如:

(4) 我把它放在砂罐里,你千万记着带走!

(5) 阴雨天,你千万来不得!

副词"千万"有时重叠成"千千万万"。例如:

(6) 千千万万不能马虎大意!

5."半"

"半"有时是数词,表示"二分之一"。没有整数时,"半"用在量词前边;有整数时,"半"用在量词后边。例如:

半尺	三尺半
半斗	四斗半
半斤	五斤半

"半尺"之类是单一的数量结构;"三尺半"之类,是由"三尺+半尺"凝固而成的,所以实际上是数量结构的复合凝固格式。

"半"有时同"一"组合成"一半",还是表示"二分之一"的意思。跟"半"有所不同的是,"一半"经常指称事物,作主语或宾语。例如:

(1) 社长的话,一半是夸奖,一半是责备。

(2) 种子,我们留一半,分给他们一半。

这里的"半"具有量词性质。"一半"往往可以说成"一大半，一小半”，可见应算数量结构。（比较：一大块，一小块。）

6. “一带”

在“杨家沟一带”这类结构里，“一带”应该归数量结构。因为没有另立小题来讨论一些数量结构，所以把它附在这里。

有人说“一带”是助词。这一说法难以成立。请看下列例子：

（1）延安一带的人，把父亲叫大，读如达。

（2）二十来岁的时候，他就成了这一带的红人。

（3）现在，小兰回来了，她就是从那一带回来的。

“延安一带”可以说成“这一带”或“那一带”。“一带”能受“这、那”的修饰，成为一个定心结构里的中心语，它不可能是助词。再看这个例子：

（4）那年秋天，雨多洪大，这一带都淹了。

这里，“（这）一带”是主语。这更说明它不可能是助词。

“一带”会不会是处所名词或方位名词呢？事实上，它确实可以跟处所或方位名词对照使用。例如：

（5）峨眉山，九老洞一带的拱桐花，牛心岭附近的报春花，洗象池以上的冷杉，伏龙寺周围的桢楠，再加品种繁多的杜鹃花，珍贵的动物小熊猫，别处一般都是稀罕的。

但是，任何一个处所名词或方位名词本身都是表示处所或方位的意义，都能单独跟介词组合，如“在附近有许多报春花”，“在周围有许多杜鹃花”，“跟以上没什么不同”；“一带”则必须跟“这、那、地方”等组合起来，才能表示处所的意义，它单独不能跟介词组成介词结构，如可以说“在这一带”，却不能只说“在一带”。可见“一带”不同于处所名词或方位名词。

数量结构是能够指称人物、处所等的。在“名＋数量名”的复说结构里，如果前边的“名”表示下位概念，后边的“名”表示上位概念，后边的“名”就可以省去，剩下“名＋数量”，其中的“数量”就起指称人物、处所等的作用。比较：

(6) 杨家沟一带地方发生了地震。

(7) 杨家沟一带发生了地震。

(8) 杨部长一行人参观了学院图书馆。

(9) 杨部长一行参观了学院图书馆。

例(7)“一带”指称“一带地方”；例(9)“一行”指称“一行人”。这几例里，“杨部长一行人”和“杨家沟一带地方”，“杨部长一行”和“杨家沟一带”，是完全同类的结构。“一带”和“一行”一样，都应是数量结构。再看几例：

(10) 这一来，马家大院那一带旱地都会变成水田，生长谷子！

(11) 你们看，这个村庄，你们看这一带树林，全都是我熟悉的地方。

(12) 从前，我们这带的红花姑娘们，在同伴新婚的初夜，总要偷偷地跑到新房的窗子外面、板壁下边去听壁脚。

例(10)的“一带”不能说是附在“马家大院”后边的助词，也不能说它本身就是个处所名词。例(11)的“一带”更只能归数量结构。例(12)“一带”说成了“带”。“这带”是“这一带”的简缩形式，像“这片”是“这一片”的简缩形式一样。这可以进一步说明“带”的量词性质，同时也说明“一带”不是助词或处所名词。

（二）几个代词

代词是另一类特殊的成分词。其特殊性，表现为它具有游移泛代性，或者说，它所指的对象具有极大的不定性。具体点讲，代词本身并不固定地跟某一具体的人物、行动、性状等发生联系；或代甲，或指乙，要进入具体的语言环境才能确定下来。如果一个词具有动词的语法特点，但同时具有游移泛代性，应该看作是代词；如果一个词具有名词的语法特点，但同时具有游移泛代性，也应该看是代词。比如，“你能怎么样人家？”“怎么样”带宾语，有动词特点，但“怎么样”所指不定，所以是代词。又比如“到这儿来，在这儿坐，从这儿动身”，“这儿”用在“到、在、从”后边，具有处所名词的特点，但它所指的处所是不定的，所以也是代词。

总之，给代词归类，要注重考虑其跟具体事物、行动等之间非固定的“游移泛代”的联系。

1. “一切”

“一切”统指一定范围内的所有事物。它是“游移泛代”的，所指对象是具有极大的不定性的，所以是代词。例如：

(1) 邵华回来，他老人家详细地询问了江陵的一切。

(2) 上述一切，还没有包括一月一日战犯求和声明中的一切宝贝。

例(1)的“一切”指江陵的全部事物；例(2)的两个“一切”分别指全部上述的事项和全部“宝贝”。离开了这些具体的语言环境，“一切”是空灵的。

“一切”可以充当主语、宾语和定语。充当主语宾语时，“一切”统指全部事物，相当于名词。充当定语时，“一切”偏重于指代事物的数量，相当于数量结构。比较“一切”和“一群”：

(3) 这就是我们向一切打砸抢英雄们的诚恳劝告。

(4) 他笼络着一群他所认为可以做喽罗的大夫们。

从“一切……们”和“一群……们”的用法，可知“一切”的作用和“一群”之类数量结构是相当的。但是，它本身不是数量结构：“一”不是数词，“切”不是量词。

“一切”有时叠用成“一切一切”，强调事物的周遍。若在中间加“的”，说成“一切的一切”，同样是强调，但在意味上，作为中心语的“一切”重在指事物，作为定语的“一切”重在指数量。

2.“任何”

“任何”总是作定语，统指事物的数量，相当于数量结构。它也可以跟“们”呼应使用，形成“任何……们”的格式。例如：

(1) 处在今天的国际环境中，殖民地半殖民地的任何英雄好汉们……

可见“任何”的作用也同“一群”之类数量结构相当。

但是，“任何”本身不是数量结构。它同样具有不定性，基本上相当于作定语的“一切”，是代词。比较：

(2) 一切困难都将被中国人民的英勇奋斗所战胜。

(3) 任何困难和障碍物，我们和全国人民一道一定能够加以克服，而使中国的历史任务获得完成。

(2) 和(3)两例中的“一切”和“任何”可以互换。

"任何"和"一切"也有不同："任何"重在强调一类事物的每一个，可以跟"一个、一种"之类连用，而"一切"重在强调一类事物的全部，不能跟"一个、一种"之类连用。比较：

(4) 一切中国共产党人，一切中国共产主义的同情者，必须为着现阶段的目标而奋斗，……对于任何一个共产党人及其同情者，如果不为这个目标奋斗，……就不是一个自觉的和忠诚的共产主义者。

"一切中国共产党人"，"一切"可以换成"任何"；"任何一个共产党人"，"任何"不能换成"一切"。

正由于"任何"重在强调一类事物的每一个，所以更多的时候它能够用"哪"、"什么样(的)"之类代词去替换。例如：

(5) 哥白尼地动学说撼动人类意识之深，自古以来没有任何一种创见，没有任何一种发明，可以和它相比。

(6) 只要我们依靠群众，坚决地相信人民群众的创造力是无穷无尽的，因而信任人民，和人民打成一片，那就任何困难也能克服，任何敌人也不能压倒我们，而只会被我们所压倒。

例(5)的两个"任何"都可替换为"哪"，例(6)的两个"任何"都可替换为"什么样的"。通过这样的替换，也可帮我们判定"任何"是代词。

3. "所有"

"所有"也统指事物的数量，作定语，相当于数量结构。它同样可以跟"们"呼应使用，形成"所有……们"的格式。例如：

(1) 我们在这里向所有为和平、民主、民族独立和人类进步而真诚奋斗的文艺家们表示崇高的敬意。

应该承认“所有”的表数作用，但它不是数量结构，也无法证明是数词。它具有不定性，跟“任何”一样，基本上相当于作定语的“一切”。比较：

(2) 所有文艺工作者，都应当认真钻研、吸收、融化和发展古今中外艺术技巧中一切好的东西，创造出具有民族风格和时代特色的完美的艺术形式。

(3) 一切社会主义和爱国的文艺工作者，一切维护祖国统一的文艺工作者，都要更好地互相帮助、互相学习，把全部精力，集中于文艺的创作、研究或评论。

这两句，见于同一篇文章中先后紧接的两段。同是对“文艺工作者”，一句用“所有”，一句用“一切”，从修辞上说，是用词有变化，从词性上看，我们可以由此知道“所有”和“一切”性质相同。

“所有”重在指明并强调某一范围内事物的全数没有遗漏。在用来修饰“这一切”或“这一些”时，这一作用尤为突出：说“所有这一切”，“所有”强调“这一切”没有遗漏；说“所有这些”，“所有”强调“这些”没有遗漏。

有时，“所有”不是代词。在“归人民所有”这样的格式里，“所有”是“助词＋动词”；在“尽其所有”这样的格式里，“所有”可以看作是名词性的短语词。

4. “全”

“全”有时是代词。比较：

(1) 永定河上的芦沟桥，在北京附近，桥长 265 米。

(2) 赵州桥非常雄伟，全长 50.82 米。

例(1)的“桥”和例(2)的“全”可以互换。“全”明显地起指代"桥"的作用。

我们还可以通过类比看到"全"的代词性质。

首先"全"跟"每"一样,可以跟某些量词或准量词组合。它们的特性是相同的。比较:

全套(设备)　　　全年(收入)

每套(设备)　　　每年(收入)

"每"具有极大的不定性,不跟某个数目(定数或概数)发生固定的联系,所以尽管能用在量词前面,但不是数词而是代词。"全"跟"每"特性相同,也应是代词。至于形容词"大、小、整"之类,尽管可以在量词前面出现,但前边还可以再出现数词,因而跟"每、全"是有区别的。比较:

一整套　　　*一全套

一大套　　　*一每套

其次,"全"常跟"各"相呼应,一个统指,一个分指,分工合作,彼此配合。它们的性质是相同的。比较:

全世界各国

全国各省

全省各县

全校各系

全系各年级

全年级各班

既然"各"是分指代词,"全"应是统指代词。

"全"有时作状语,表示范围,起副词的作用,但它的指代性是明显的。例如:

(3) 屯子里,除了一家姓张的恶霸地主之外,全是扛长工打短工的。

(4) 我们这些卖票的，开车的，虽说有个职业，其实全是“在业游民”。

(5) 沙丘的移动虽然慢，可是所到之处，森林全被摧毁，田野全被埋葬，城郭变成丘墟。

这里，“全”或者指扛长活打短工的，或者指卖票的、开车的，或者指森林，或者指田野，它没有跟某类事物发生固定的联系，因此，把这种作状语的“全”归入代词，算副词性代词，较为恰当。至于“全都”，这是由表范围的代词“全”和表范围的副词“都”结合而成的一个短语词。它只作状语，不再能在别的环境出现，所以，应归入副词。

除了代词用法之外，“全”有时是形容词，能用“完备”或“齐全”去替换，可以用于谓语部分(“设备很全，品种很全”)，或充当补语(“苗未出全，钱已收全”)。

5. “全体”、“全部”、“各位”、“诸位”、“整个”

“全体”也是代词。作定语时，“全体”统指人物的全数，相当于数量结构。如：“全体代表，全体同学，全体送行的人”。它也可以跟“们”呼应使用，例如：

(1) 要使全体青年们懂得，我们的国家现在还是一个很穷的国家。

作主语或宾语时，“全体”统指全部的人或事物，相当于名词。例如：“全体出动！”“局部服从全体”。

“全部”含义跟“全体”近似。常作定语或状语，统指人或事物的全数。例如：

(2) 几乎全部旅客都进了这个旅馆或那个旅馆。

这里，“全部”作定语。如果说成“旅客几乎全部都进了……”，“全部”以“旅客”为前词，作状语。不管是作定语还是作状语，都统指数量，相当于数量结构。

“全部”实际上是由代词“全”和量词“部”结合而成的。用类似方式构成的“各位”、“诸位”，也可以看作代词，或者叫代词性短语词。作定语时，它们统指人物的全数，是数量代词，可以跟“们”呼应使用，例如：

(3) 诸位朋友们：今天让我来说个新故事。

“各位”、“诸位”作呼语，或者作主语、宾语或兼语，统指全部对象，相当于名词。例如：

(4) 诸位，你知道这个“铁笔御史”是谁吗？

(5) 请各位屋里坐！

“整个”在结构上是“形＋量”，但结合很紧，已成了一个词。它接近于“全部”，或者用作定语，或者用作状语，都有统指的作用，也是数量代词。例如：

(6) 整个装束像出门做客一样。

(7) 空中，屋顶上，墙壁上，地上，都白亮亮的，白里透红，从上至下整个地像一面极大的火镜。

作为词，这里的“整个”前边不能加数词“一”，不像“整块、整套、整天”之类那样可以在前边加个数词“一”：一整块，一整套，一整天。（参看“几个形容词”中关于“整”、“整整”的解说部分。）。

6. “凡”、“凡是”、“大凡”

“凡”用在名词或名词性结构前边，作定语，统指事物的全数，相当于作定语的“一切”，是代词。例如：

(1) 凡讨妖怪做老婆的人,脸上就有妖气的。

(2) 晋察冀边区的军民,凡亲身受过白求恩医生治疗和亲眼看过白求恩医生的工作的,无不为之感动。

例(1),“凡”用在以名词为中心的定心结构的前边;例(2),“凡”用在“的”字结构的前边。从逻辑上说,这两例都是全称的直言肯定判断。

顺带指出:杨伯峻《中国文法语文通解》把“凡”归入表“总指”的指示形容词。(商务印书馆 1956 年上海版 75 页)杨先生所说的“指示形容词”,是包括“这、那”等作定语的指示代词的。

“凡”常常和“是”结合成“凡是”。“凡是”相当于“凡”,也是个表统指的数量代词。例如:

(3) 按照集中营的惯例,凡是进行秘密组织或宣传活动的人,立刻处死。

(4) 花鸟草虫,凡是上得画的,那原物往往也叫人喜爱。

“凡是”都可以说成“凡”。说“凡是”,显然比较口语化。从逻辑上说,这两例也是全称的直言肯定判断。

“大凡”也用作名词性结构的定语,统指事物的绝大多数,接近于“凡”,也是表统指的数量代词。例如:

(5) 大凡重视人才的年代,往往国势强盛,文化繁荣。

“大凡”只是统指事物的绝大多数,从逻辑上说,用“大凡”的判断只是特称判断,而不是全称判断。

7. “所谓”

"所谓"也是代词。它的作用,一是指示事物,点明讨论范围,有"所说的"意思;二是指示事物,加以否认或贬斥,有"某些人所说的"的意思,意味上接近于"说什么"或起否定作用的"什么"。例如:

(1) 所谓放下包袱,就是说,我们精神上的许多负担应该加以解除。

(2) 所谓"填补空白",完全是令人恶心的自我吹嘘。

例(1),指点所要讨论的事物,后边加以解说;例(2),指点所要否定的说法,后边加以抨击。

不管是指点范围的"所谓",还是含有贬义的"所谓",都具有指代性质。至于指的是什么,要由具体的语言环境来决定,这跟别的代词是一样的。从造句功能上看,"所谓"总是作定语。它不表示数量,可以说是具有形容词性质的代词。

"所谓"有时跟"无"结合成"无所谓"。"无所谓"是短语词,属动词。它有时相当于"说不上",有时相当于"不在乎"或"没什么关系"。例如:

(3) 我想:希望是本无所谓有,无所谓无的。这正如地上的路;其实地上本没有路,走的人多了,也便成了路。

(4) 到哪儿我都无所谓!

(5) 这是一个什么地方?也许对一般人来说是无所谓的,但对她们来说却终身难忘!

8. "另外"、"旁"、"旁人"

"另外"是个旁指代词,指"在说过的之外",相当于"此外"或"其他"。例如:

(1) 鲁迅先生团起浸湿的纸,揉烂了,把它放进炉子里。他擦干两手，将另外三张空白毛边纸收起，……

(2) 小黑子他妈一摆手，几十个妇女就抬走了十一个伤员；她和另外三个妇女抬着吕有怀躺的这副担架，随后走去。

例(1)“另外”指“浸湿的纸之外”；例(2)“另外”指前面所说的“几十个妇女”之外。

这个词，有时用在动词前边，很像副词；有时用在主语前边，关联上下两句，很像连词。但是，不管用在哪里，它都对上文所说的事物或事情有所指代，都是在进入具体环境以后才获得明确的意义，所以，不必另外把它归入副词、连词。比较：

(3) 我们又找了另外几个人。

(4) 我们又另外找了几个人。

(5) 另外，我们又找了几个人。

把这里的“另外”分别归到不同的词类，是缺乏充足的理由的。

“旁”相当于“其他、另外”，也是旁指代词。例如：

(6) 他有旁的事先走了。

(7) 旁的问题都解决了吗？

“旁”和“人”结合成“旁人”，是人称代词，跟“人家”相近。例如：

(8) 这件事由我负责，跟旁人不相干。

有时“旁”不是代词，而是方位词，等于“旁边”，如“路旁、车旁、牛棚旁、旁若无人、目不旁视”。

9. “人”、“个人”

“人”通常是名词，但有时用作代词，可以替换为“人家”。

例如：

（1）这些人对人是马克思主义，对己是自由主义。

（2）别欺侮人！

“个人”是个短语词。有时，表达跟“集体”相对的意思，可归名词。例如：

（3）集体领导和个人负责，二者不可偏废。

（4）……结果是腐朽庸俗的作风发生，使党和革命团体的某些组织和某些个人在政治上腐化起来。

有时，“个人”是代词，相当于“我”，在正式场合发表意见时使用。例如：

（5）个人认为这个办法是非常合理的。

六　一些非成分词的归类

这一部分，举出各类非成分词中值得讨论的一些词略加分析。

（一）几个介词

介词一定同名词或其他词语组成介词结构。介词结构出现于谓语部分里时，后边一定还有动词谓语。介词单独连着主语说出来站不住，介词结构单独连着主语说出来也站不住。如“他从北京来”，介词“从”和“北京”组成介词结构；“从北京”是状语，后边出现了动词谓语“来”。只说“他从”，站不住；只说“他从北京”，也站不住。简而言之，必须同名词等组成介词结构，不能充当谓语中心语，这是介词的必要而充足的条件。至于“这间屋子朝南开”和“这间屋子朝南”，前一句里的“朝”是介词，后一句里的“朝”是动词。

1. “本着”

“本着”是介词，相当于“按照、遵照、遵循”。由“本着”组成的介词结构总是作状语，可用于谓语前主语后，也可以用在主语前边。例如：

(1) 今天和往后，我仍然是本着这个意愿去决定一切的。

(2) 本着真诚合作的精神，两国政府签订了技术协定。

这个介词，一定要带“着”；不带“着”，仅仅一个“本”，反而不是介词。可见它和“为着、按着”有所不同。当然，“本着”也好，“为着、按着”也好，“着”只能算构词成分，不是时态助词。

2. “论”

“论”经常用作动词。比如：“就事论事”、“不能相提并论”。

有时，“论”是介词，接近于“按照”。它或者表示按照某种类别来谈，或者表示按照某种单位来说。

表示按照某种类别来谈时，“论”字介词结构常用在主语前边，后有停顿；也可用在谓语前主语后，但主语后边一定有停顿。例如：

(1) 论体力，今日的薛书记已不能与当年的薛营长比了。

(2) 论本事，据说她数数只能数到一百，再往上，她就不知道该怎么数了。

(3) 这位处长，论资格确实很老了。

表示按照某种单位来说时，“论”跟量词或有数量意义的名词组成介词结构，用在谓语前主语后。例如：

(4) 鸡蛋论斤卖，咸蛋论个卖。

(5) 水果论筐交售给国家。

(6) 工资论天数计算。

“论＋量词”这种介词结构后边有时不出现动词谓语。这是因为，这个动词已在前边出现。在这种情况下，“论”可以算动词，它后边的量词可算宾语。例如：

(7) 问：买鸡蛋是论斤还是论个儿？

答：论个儿。

3. “归”

“归”一般是动词，充当谓语中心语，带宾语。例如：“物归原主”，“条条江河归大海”。

有时，“归”是介词，可以替换为“由”。由“归”组成的介词结构，总是用于谓语前主语后作状语。例如：

(1) 饭归你做，菜归我买。

(2) 图片部分归制图组完成。

如果“归”字结构后边不出现动词，“归”不可能是介词。比较：

(3) 资料归你们搬，纸张归我们运。

(4) 资料归你们，纸张归我们。

例(3)里“归”是介词，例(4)里“归”是动词。

4. “临”

“临”有时是介词，大体相当于“到”，跟“动词+时(前)”这种包含有时间意义的词语组成介词结构，作状语。“临”字介词结构，可以用于谓语前主语后，也可以用于主语前边。例如：

(1) 她临死前还不准我写信告诉你。

(2) 临走时，他带着央金一同去见主人，请求让她跟他一起走。

跟“临”字组成介词结的“动词+时(前)”，可以隐去“时、前”，但可以添加上去。例如：

(3) 她临死还喊你的小名，脸上还有笑容，好像并不难过。

(4) 临走，明华也偷偷把送给玉春的礼物，包进她脱在地头上的花夹袄里了。

这里，"临死"可以说成"临死前"，"临走"可以说成"临走时"。

"临"和"时"如果直接组合，中间不出现动词，就会成为合成词"临时"。前面说过，"临时"分属形容词和副词。

有时，"临"是动词，表示"来到"或"靠近"的意思，作谓语，带宾语。例如：

(5) 真是双喜临门！

(6) 这个镇子三面临山。

动词"临"可以成为连动式里的第一个谓语中心语。这样的"临"不要当成介词。例如：

(7) 总工程师亲临现场指导。

这是个连动式句子，"临"是第一个谓语中心语，"指导"是第二个谓语动词。如果"临"的宾语"现场"不出现，"临"和"指导"仍然组成连动式；如果第二个谓语动词"指导"不出现，句子仍然站得住。例如：

(8) 总工程师亲临指导。

(9) 总工程师亲临现场。

例(8)，"临"是第一个谓语中心语，"指导"是第二个谓语动词。例(9)，"临"是谓语中心语。这两例的"临"，都是动词。

5. "赶"

"赶"往往用作动词，这是明显的。有时，它也用作介词，大约相当于“到”。“赶”字介词结构表示等到某个时候，可以用在谓语前主语后，也可以用在主语前面。例如：

(1) 我赶年下再回家。

(2) 大家赶天黑再走。

(3) 赶春暖花开的时候我就来。

(4) 赶队长回到办公室人们早已讨论开了。

例(1)(2)，“赶年下”、“赶天黑”用在谓语前边；例(3)(4)，“赶春暖花开的时候”、“赶队长回到办公室”用在主语前边。

6. “等”、“等到”

“等”有多种用法。有时是介词，相当于“到”。“等”字介词结构表示时间，常采取“等……时(后)”的形式。有时不用“时、后”之类，但可以添上去。例如：

(1) 等我们坐在药场吃饭时，小姑娘又蝴蝶般地飞来，在老秦耳朵边悄悄告诉他，……

(2) 你们心疼人家，等你们娶媳妇的时候，人家才能心疼你们。

(3) 等你死了，我再好好干。

例(1)是“等……时”，例(2)是“等……时候”，例(3)可以说成“等你死了后”。

“等到”是“等”和“到”的复合形式，也可以用作介词。例如：

(4) 等到听完公安局同志的情况介绍、翻完宗卷之后，他的脸上才显露出强烈的表情来。

7. “拿”

“拿”经常用作动词，如“不准乱拿东西”。但是，在下列两种情况下，“拿”是介词。

一是“拿”起引进所凭借的工具、材料、方法等的作用，可以用“以”或“用”去替换；谓语部分里单用“拿”字结构站不住。例如：

拿尺量

拿灯光照

拿泥土捏

拿话激他

二是“拿”起引进处置对象的作用，可以用“把”或“对”去替换。谓语部分里单用“拿”字结构同样站不住。例如：

(1) 你别拿我开玩笑！

(2) 我简直拿你没办法！

8. “替”

“替”可以用作动词，也可以用作介词。

动词“替”可以用“代替”去替换。例如：

(1) 他没来，我替他！

(2) 你上去，把8号替下来！

介词“替”可以用“为”去替换。例如：

(3) 大家都替他高兴！

(4) 替法西斯卖力，替剥削人民和压迫人民的人去死，就比鸿毛还轻。

动词“替”和介词“替”的区别相当微妙。先观察两个用动词“替”的句子：

(5) 我替你值班。

(6) 他替我出工。

这里的“替”是动词，充当第一谓语中心语，后边的“值班”“出工”也是动词，充当第二谓语，它们组成连动式。这类句子有两个重要特点。第一，在“A替B动”里，单说“A替B”，站得住。如例(5)(6)可以只说“我替你”，“他替我”。第二，B和“动”之间存在着已然的或肯定的联系。如例(5)，“你”和“值班”之间有“你”本来已在“值班”或“你”本来应该“值班”的关系。例(6)的“我”和“出工”之间也是这种关系。

用介词“替”的“A替B动”，不具备上述两个特点。

首先，有时单说“A替B”根本不成话。例如：

(7) 儿子不能替父亲的错误负责。

这里，“替”是介词。只说“儿子不能替父亲的错误”，不行。

其次，就算单说“A替B”能站得住(实际上不符合原意)，B和“动”之间也不存在联系，或不存在肯定的联系。例如：

(8) 你放心，我替你做主！

这里，“替”也是介词。虽然表面上“我替你”跟“我替你值班”中的“我替你”一样，但是，“你”和“做主”之间本来并没有肯定的联系，跟“你”和“值班”之间的关系不同。

此外，介词结构“替……”可以修饰表示心理状态的动词或形容词，动宾结构“替……”后边不能出现这类词语。例如：

(9) 我心里有点替她惋惜。

(10) 我不在意，他倒替我着急。

(二) 几个连词

给连词定性归类，要特别注意三点。

其一，连词有的单个起连接作用，有的跟别的连词或有关联作用的其他词语配成对起连接作用。不管是单个还是配对，它都只有连接作用，如前所说，它不能成为结构的中心。

其二，连词既然起连接作用，它就不是单向性的，而是双向性或多向性的。就是说，一个连词总要关涉到两个或两个以上的单位或方面；只要有连词出现，不管是单个还是配对，都一定有它所关涉到的两个以上单位或方面出现。如果一个词可以单向，可以不在两个单位或方面之间起作用，那么，它就不应是连词。比如“与其”和“宁可”，“与其”是双向的：只要用“与其”，一定带出需要择优的“舍”与“取”两个方面，形成两个分句；“宁可”虽然常跟“与其”呼应使用，但它可以单向，不一定双向，如“我宁可不去！”（请参看上一节“几个副词”部分对“宁可”的分析。）所以，“与其”是连词，“宁可”是副词。

其三，用在分句与分句之间时，连词可以出现在主语前边，表示所涉及的单位包括主语在内；也可以出现在谓语前边，表示所涉及的单位是分句的谓语部分。比较：

(1) 不但他应该去，而且你也应该去。

(2) 他不但应该去，而且应该带头去。

(3) 因为他有病，所以老师没让他去。

(4) 他因为有病，所以没去。

同是“不但……而且……”，例(1)里用在主语前边，例(2)里用在谓语前边；同是“因为……所以……”，例(3)里用在主语前边，例(4)里用在谓语前边。

可以灵活地出现于谓语前或主语前，这是连接分句与分句的连词的重要特点。是否具备这一特点，可以作为判别在分句间起关联作用的词是不是连词的根据。一般说,如果是不能出现在主语前面的,不算连词,如“如果……就……”“无论……都……”中的“就”和“都”。当然,有的词尽管能活动于主语前主语后,但可以单向,那也不算连词,如“宁可”。“宁可”是语气副词,某些语气副词和时间副词可以用在主语前边,但它们又是单向的。

下面讨论几个应归连词的词。

1. “然后”

“然后”表示连贯关系,即表示情况的前后紧接,接近于“于是”。

“然后”可以用在谓语前面,也经常用在主语前边。例如:

(1) 他用两个铃铛似的大眼睛看着我,然后走到箩筐前。

(2) 又走了一阵,他又回头向我们笑了笑,然后他先坐下来,“歇歇吧!”他说。

例(1)“然后”用在谓语前边,例(2)“然后”用在主语前边。

“然后”后边,往往用“又、便、才”等副词(它们也有一定的关联作用)。如例(1),可以说成“然后又走到箩筐前”。又如:

(3) 他把汤放在火上暖着,取开一个手巾包,拿出两块包米干粮给我丈夫,然后又从衣兜里摸出五个煮熟的鸡蛋,……

如果句子有主语,连词“然后”和副词“又、便、才”之类分别用在主语前后,如“然后他又从衣兜里摸出五个煮熟的鸡蛋”。“然后他又……”之类和“但是他却……”一样,也是连、副配合使用,而连居主语前、副在主语后的格式。再看一例:

(4) 如果有人送点什么吃的给他，他总要工作人员先送给我爷爷奶奶一些，然后自己才肯吃。

2. “至于”

“至于”有时用在分句或句子之间，表示另提一事，是个连词。有的语法书把这个词归入介词，这是值得商榷的。

首先，“至于”后边的词语往往是施事，或者是判断、描写、评议的对象，它们显然是句子的主语。若把“至于”当作介词，就会抹煞它们的主语地位，使句子的分析得不到合理的解释。例如：

(1) 王大增当然是合格的，至于我，却是一个大老粗，胆气倒还马马虎虎，别的可就谈不上。

(2) 我目睹中国女子的办事，是始于去年的，……曾经屡次为之感叹。至于这一回在弹雨中互相救助，虽殒身不恤的事实，则更足为中国女子的勇毅，虽遭阴谋秘计，压抑至数千年，而终于没有消亡的明证了。

例(1)，“却是一个大老粗”的主语，显然是“我”。作为连词，“至于”用在后面分句的主语之前，把前后分句所说的两个人、两种情况关联了起来。这样的解释，是很自然的。如果说“至于”是介词，“至于我”便是介词结构，这样，就把后边分句的主语抹掉了，就给析句增添麻烦了。例(2)也一样，“这一回……事实”显然是“更足以……明证了”的主语，连词“至于”用在这一主语前边，把上下两句关联了起来。若把“至于”解释为介词，结果就会抹掉后一句的主语。

其次，“至于”后边的词语有时是“受事”，但仍然可以分析为主语，即受事主语。若把“至于”当作介词，理论上、实践上都会带来问题。例如：

(3) 至于这个问题，则从未好好讨论过。

这类句子，把“至于这个问题”算介词结构作状语，主语可以认为是省略了“我们”之类。但是，从理论上说，“至于”能用在施事主语前头，为什么不能用在受事主语前头？再从实践上看，若按“施”“受”把“至于”分为连词和介词，也行不通。例如：

(4) 至于这个问题，则值得好好讨论一下。

(5) 至于这个问题，则是值得好好讨论的关键问题。

能说(3)(4)(5)里的“至于”有什么不同吗？若说(3)里的“至于”是介词，(5)的“至于”是连词，(4)里的又是什么词呢？

总之，表示另提一事的“至于”应归连词。在由“至于”引出的另一个句子或另一个分句中，主语或是施事，或是受事，或是跟施受无关，情况是各种各样的。

有时，“至于”不是连词而是动词，表示达到某种程度。例如：

(6) 不及格？不至于吧？

3.“果然”

“果然”常用作副词，表示事实和所说或所料的相符。如“果然名不虚传”，“果然不出所料”。

“果然”有时是连词，表示假设，可以替换为“如果”。特殊点的是，它有“如果确实”的意思，因此能说成“果真”。可用于谓语前主语后，也可用于主语前边。例如：

(1) 你果然爱她，你就应该帮助她。

(2) 果然你愿意参加，那我们太欢迎了。

4. “万一”

“万一”有时指不如意的特殊情况，作宾语，属名词，如“以防万一”。有时用来强调有极少的可能性，作状语，属副词，如“计划暂不宣布，以免万一走漏消息”。

有时，“万一”表示假设，一般可以替换为“如果”，是连词。主语出现时，常用在主语前边。例如：

(1) 万一有个差错，看你怎么向党交待？

(2) 万一我有个好歹，八角坳的党组织还在，反“夺田”已经开始了，我们能搞起来！

连词“万一”还可以跟“如果”、“要是”、“即使”之类连用。由于“万一”重在假设有不如意的特殊情况发生，所以和“如果”、“要是”、“即使”之类连用并不是简单的重复。例如：

(3) 如果万一是由于你不在人世了——写到这里我浑身颤栗了一下——我就独身过一辈子。

(4) 要是万一遇见敌人，我顶住，你们把东西一扔，就顺着河滩往对面山上跑。

(5) 好坏两方面都要充分估计到，即使万一发生意外，也不至于手忙脚乱。

5. “比方”

“比方”有时是名词，指打比的事实，如“这不过是个比方”。有时是动词，或者可以用“相比”来替换，如“可以用松柏来比方”；或者可以用“例如”来替换，例如：

(1) 比方美国的国务卿艾奇逊之流，他们对于现代中国和现代世界的认识水平，就在中国人民解放军的一个普通战士的水平之下。

有时，“比方”表示假设，可以替换为“如果”，是连词。例如：

(2) 他的隶书真好，比方我求他写一副对联儿，他不会拒绝吧？

这种“比方”，《现代汉语词典》指出“它表示‘假如’的意思”，又进一步指出“它用于有话要说而故意吞吐其词时”。(《现代汉语词典》56页，商务印书馆1979年)。这准确地说明了连词“比方”的作用。

6. “一旦”

“一旦”有时表示“忽然之间”，作状语，是副词。如“同学四年，一旦离别，确实舍不得！”

有时，“一旦”表示某种特定条件，可以替换为“只要”，是连词。常用在谓语前主语后，也可以用在主语前边。例如：

(1) 代表先进阶级的正确思想，一旦被群众掌握，就会变成改造社会、改造世界的物质力量。

(2) 不能认为新制度一旦建立起来就完全巩固了，那是不可能的。

这里，“一旦”用在主语后边。

(3) 在敌人这样的摧残之下，人民创伤极其深重，如不采取有效办法，一旦人民元气耗尽，一旦军需民食没有保证，敌后抗战的坚持是不能设想的。

这里，“一旦”用在主语前边。

7. “管”、“别管”

“管”有时属名词或量词，有时属动词或介词。

有时，“管”表示无条件，可以替换为“不管”或“无论”，用在主语前边。这样的“管”是连词。例如：

(1) 管他是谁，搞特殊化就不行。

(2) 管你吃也罢，不吃也罢，都得坐下来聊聊。

必须注意，介词“管”表示处置，可以替换为“把”，跟连词“管”有明显的不同。比较：

(3) 你管我叫山鹰也罢，叫野鸡也罢，我不在乎！

(4) 管你叫我山鹰也罢，叫我野鸡也罢，我不在乎！

例(3)“管”可以替换为“把”，是介词；例(4)“管”可以替换为“无论”，是连词。

“别管”也是连词，可以用“无论”去替换。例如：

(5) 别管是谁，一律凭票进场。

当然，在“别管他”里，“别管”不是一个词，而是“副词＋动词”。

（三）几个助词

助词附着于某个语法单位，帮助表达某种附加的意义。被附着的语法单位，或者是一个词，或者是一个短语，或者是一个小句。

有的助词单纯表示语法意义，有的助词在表达语法意义的同时还带有一定的词汇意义，但所有的助词都是独立性极差的，用排他法来说，都是既归不进成分词和特殊成分词，也归不进介词、连词这两类非成分词的。

除了大家看法比较一致的“着、了、过”，“的、地、得、所”，“们”，“似的”，“吗、呢、吧”等等之外，还有一些助词需要讨论。

下面讨论几个。

1.“多”

“多”分属几个不同的词类。除了是动词（“多了一个人”）、形容词（“人很多”）、数词（“多种、多次”）、副词（“多有办法！”）、代词（“多高？”）之外，有时是助词。

助词“多”附着在数词或数量结构（包括准数量结构）后边，表示有零头。例如：

十多亩　　二十多斤　　三十多岁

一亩多　　两斤多　　三岁多

十五亩多　　十五斤多　　十五岁多

若数词是“十”和“十”的倍数，包括“一百、一千、一万”等，“多”用在数词后边，然后再用量词或准量词；若个位数是“一”至“九”，必须先用量词或准量词，“多”附在整个数量结构后边。作语法分析时，“十多、二十多”也可以看作一个数词，这正如“你们、我们”可以看作一个代词一样。至于“十五斤多”之类，应认为前边是数量结构，“多”是助词。

这个“多”能不能看作是形容词？不能。形容词不可能同时出现在这两个格式里的 X 的位置上：

数 X 量（十多亩）

数量 X（一亩多）

这个“多”能不能看作是数词？它跟“半”不是很相像吗？比较：

两斤多　　三岁多

两斤半　　三岁半

其实，“半”和“多”并不相同。作为数词，“半”后边可以补出量词，比如“两斤半”，可以说成“两斤＋半斤”；作为助词，“多”的后边是不能补出量词的，比如“两斤多”，不能说成“两斤＋多斤”。

2．“来”

“来”有时是趋向动词，或单用，或附在动词后边表示趋向或趋势。在下面几种情况下，“来”是助词。

第一，附着在数词或量词结构（包括准数量结构）后边，表示概数。

附“来”的数词，限于“十”及其倍数。例如：

二十来斤　　　三十来里

四十来岁　　　五十来人

附“来”的数量结构，限于“个位数＋度量衡单位”，而且后边一般出现“重、长、高、宽”之类形容词。例如：

三斤来（重）　　　四里来（长）

五尺来（高）　　　一丈来（宽）

这种助词“来”，一般都能用助词“多”去替换。

第二，附在序数词“一、二、三、四”之后，帮助表示理由的列举。例如：

（1）老秦一来不懂这种管饭只是替做一做，将来还要领米，还以为跟派差派款一样；二来也不知道家常饭就行，还以为衙门来的人一定得吃好的。他既是这样想，就把事情弄大了。

“一来”、“二来”在这里作状语，也可以整个算数词。

第三，附着在表示时间的某些名词、数量结构、准数量结构后边，帮助表示时段。即表示从过去某一时间起到说话时为止的一段时间。例如：

古来　长期来　几天来

七八个月来　千百年来

跟这种"来"相当的"以来",也是助词。例如：

长期以来　几个月以来

建国以来　粉碎"四人帮"以来

第四,附着在用于句末的动词或动词性结构后边,帮助表示某种行为活动曾经出现,相当于"来着"。例如：

(2) 找到地里,又听到这么一句话:"前时还在这儿来,这会谁知上哪儿去了!"当你再找到别的地块上,人们又会告诉你:"刚还在来,可能上五队去了。"

(3) 昨天我怎么跟你们说来的?

顺便指出,附在动词后边的趋向动词,往往虚化,具有程度不同的助词性质。特别是像"看来、想来"之类的"来",是相当接近助词的。

3. "开外"

这个词,附着在某些数词或数量结构(包括准数量结构)后边,表示"还要多"的意思,接近于助词"多"。

附"开外"的数词,总是用来表示年岁。例如：

五十开外　七十开外

附"开外"的数量结构,一般用来表示年岁,其次用来表示距离或时间。例如：

五十岁开外　七十岁开外

二十米开外　六十里开外

五年开外　五星期开外

4. “等”、“等等”、“云云”、“云”

“等”附着在名词或并列结构后边，表示事物的数量不只一个。有时表示有所省略，有时表示加以归总。例如：

(1) 人们排成两行站在堤上，陆续不断地往前传递木桩、芦席、沙袋等各种器材。

(2) 他曾经访问过法国、西德、英国和意大利等四个西欧国家。

“等”也可以用在一个名词后边。例如：

(3) 小部分站在中立地位，但倾向于投降，例如宝庆等县。

“等等”也表示有所省略，但比“等”强调意味更重。例如：

(4) 脸水等等，他都准备好了。

(5) 扒钉、钢筋头、机器零件等等东西，共八千多斤。

“等等”常用于句子结束处。例如：

(6) 由于无产阶级的领导，根本地改变了革命的面貌，引出了阶级关系的新调度，农民革命的大变动，反帝国主义和反封建主义的革命彻底性，由民主革命转变到社会主义革命的可能性，等等。

“云云”有“如此如此”的意思，附着在某些语句之后，表示有所省略，或者表示结束。例如：

(7) “修得安民”云云说得过于堂皇而蹈空，实际上他有硬的一手和软的一手。

(8) “笑面虎”，“笑在脸上，苦在心头”，情况不同了，“反映内心”云云，要重新研究了，可是“面部表情”依然有效。

现代汉语书面语里，常用“云云”，有时也用“云”。例如：

(9) 连唯一可信的弟子也已经失掉，孔子自然是非常悲痛的，据说他一听到这消息，就吩咐去倒掉厨房里的肉酱云。

(10) 总之，梁先生自认为是一切中国人的代表，这些书既为自己所不懂，也就是为一切中国人所不懂，应该在中国断绝其生命，于是出示曰“此风断不可长”云。

5. “不过”

“不过”有时属于副词，表示范围，可以替换为“仅仅”；有时属于连词，表示转折，可以用“只是、可是”之类去替换。例如：

(1) 苏冠兰摆摆手，爽快地说：“艺术不过是唱歌、跳舞、弹琴、画画儿……这一切又有什么用？”

(2) 我同父亲在一起时，一直学习钢琴、提琴和作曲，不过，最擅长的还是舞蹈。

例(1)的“不过”是副词，例(2)的“不过”是连词。

有时，“不过”属助词。它附着在形容词或心理活动动词后边，强调达到了最高限度，常跟形容词等前边的“再、最”之类副词呼应使用。如“聪明不过，再聪明不过，最聪明不过；喜欢不过，再喜欢不过，最喜欢不过”。又如：

(3) 洁琼气不过，骂了那家伙一顿。

(4) 您法力高深，见识渊博，兼任这两项职务是再恰当不过了！

(5) 这种光最神奇不过。

这个“不过”可以说是助词性短词语。它强调极度，跟副词“极”有点相似，但根本不能作状语，不具备副词的必要条件，再说跟“再、最”呼应时也不能替换为“极”。因此它是不能归入副词的。

6. “连”

“连”有时属于动词，表示连接的意思，如“心连心”；有时属于副词，表示连续的意思，如“连发三封信”；有时属于介词，表示“包括在内”的意思，如“连我共来了八个人”，“连皮重二十斤”。

有时，“连”是助词。它附着在名词、名词性结构或其他词语的前边，起强调作用，后边用“都、也”之类呼应。例如：

(1) 他连工具都自己带来了。

(2) 她连个委员都不是，怎能当主任呢？

(3) 他连一声也不吭。

(4) 我连喜欢都喜欢不过来呢！

这种“连”，有人说是介词。但是，它后边的词语常常表示施事，介词说解释不通。例如：

(5) 这一下，不光是妇女，连男人们也都笑了起来。

(6) 为什么高兴，连她自己也说不出来。

说“连”是介词，“连男人们”、“连她自己”就是介词结构。这一来句子的主语就被抹掉了。能不能说后边是受事时“连”算介词，后边是施事时“连”算助词呢？也不行。首先，不管后边是施事还是受事，“连”所起的作用是一样的，不能人为地劈成两半；再说，有时“施”“受”很难断定。例如：

(7) 他连头都没抬，只说了句：“好么！”

(8) 他笑得连嘴也合不拢来。

"头"、"嘴"是施事还是受事?我们既然承认有受事主语,为什么不可以承认有时助词"连"是强调受事主语的呢?事实上,"连"不仅可以强调各种主语(包括施事的、受事的和中性的),还可以强调状语(如例(3)的"一声")和复用的谓语动词中的前一谓语动词(如例(4)的"喜欢")。

这种"连",有的学者说是副词。如张志公先生的《语法学习讲话》(上海教育出版社 1962 年 6 页)的确,在"他连一声也不吭"、"我连喜欢都喜欢不过来呢"里,"连"比较接近副词,但是,统观"连……都(也)……"这一格式,"连"大都附着于名词或名词性结构,而副词则是一般跟名词互不相容的。这就是说,"连"不符合副词的条件,不应归副词。

这种"连",有时可以替换为"甚至",能不能说是连词?也不能。首先,它有时不能替换为"甚至"或别的连词;其二,它有时明显地是单向的。如"笑得连嘴也合不拢来"里,"连"不能换成"甚至",同时,它是单向的,不具有连词的双向性。

在递进句中,"连"的前边有时出现"甚至"或"就"。例如:

(9) 你毕竟长着一个联邦调查局的鼻子,甚至连别人私生活的讯息也闻得出来。

(10) 不但我佩服他,就连从前反对过他的人,也不得不赞扬他。

例(9),"连"是助词,"甚至"是连词。例(10),"就"等于说"就是/就算",实际上也是连词,相当于"即使";"连"是助词。但是,"就连"结合较紧,可以看作是短语词,归连词。

7. "起见"

"起见"是语气助词。这个词,用在目的状语(有的语法书

认为是目的分句)的末尾,跟前面的“为、为了、为着”等呼应,表示强调目的的语气。比如:

(1) 为慎重起见,一定要报请上级批准。

(2) 为了安全起见,请大家系上保险带。

这个词,乍一看像是动词,受“为”字介词结构的修饰;实际上,它不能单用,不能受副词的修饰,去掉以后并不影响句子的基本结构,所以,不可能是动词,应归语气助词。

8. “的”

“的”有时是结构助词,有时是语气助词。

语气助词“的”用于句末加强肯定的语气,去掉它不会改变句子的基本意思。例如:

他知道的。他不会不答应的。

他知道。他不会不答应。

语气助词“的”常常同句中表示肯定或强调的“是”呼应使用,造成了“是……的”的形式,如“他知道,他是知道的”;结构助词“的”常常同词或词组组成“的”字结构,用作“是”的宾语,出现于句末,也造成了“是……的”的形式,如“他是报社的”。怎样区别“是……的”中两种不同的“的”,这是个麻烦的问题。这里提出两点办法:

第一,看看能不能把“的”去掉,并且把“是”改成“的确”。如果能,“的”便是语气助词;如果不能(站不住或改变原意),“的”便是结构助词。比如:“他是很聪明的”,可以说成“他的确很聪明”,这里的“的”是语气助词;“这张桌子是石头的”,说成“这张桌子的确石头”,站不住,这里的“的”是结构助词;“我是教书的”,说成“我的确教书”,改变了原意,这里的“的”也是结构助词。

第二，结合语言环境，看看整个句子是不是给事物分类的判断句。如果是，“的”便是结构助词；如果不是，“的”便是语气助词。比如“他是愿意帮忙的”，孤立地看，两种可能性都有。然而，在“他愿意帮忙，他愿意帮忙的，他是愿意帮忙的。”这样的语言环境中，重在强调，而不重在分类，“的”是语气助词；在“别人都袖手旁观，只有他才是愿意帮忙的”这样的语言环境中，重在分类，说明他属于“愿意帮忙的”一类人，“的”是结构助词。

七　短语词的归类

所谓“短语词”，是在凝固程度上比词松一点，又比短语紧一点的一种语言单位。吕叔湘先生说过：“‘来不及’、‘看中了’之类介乎词和短语之间的东西，可以叫做‘短语词’。”(《汉语语法分析问题》10页)

短语词的存在是个事实。但是，短语词的范围是很难划定的。有的，很难说它还没有凝固成词；有的，很难说它就不是一个短语。我们不企图给短词划出清楚的界限。这是不可能的。前几节中，已经涉及了一些短语词，有的点出是短语词，有的也未加点明。这里，我们只想就一部分现象集中地讨论一下短语词的归类问题，以便能从一个新的角度、新的侧面加深对归类原则、要求与方法的认识。

首先应该知道，有的短语词是直接凝固的，有的短语词是减缩凝固的。如“按理”和“按说”，“按理”表示“按照情理”的意思，是由一个介词和一个名词直接凝固而成的副词性短语词；“按说”表示“按照事实或情理来说”的意思，是由“介·名·动”经过减缩而凝固成的副词性短语词。

其次应该知道，短语词的词性跟它本身的结构成分不能说完全没有关系，但是，凭结构成分不能决定它们的归属。起决定作用的，还是语法特点。比如“据说”和“按说”，都是“介(名)·动”，但前者属动词类，后者属副词类。又如，前一结构成分是“不”的短语词，词性是大不一样的。有的属名词类，如“不是（派他的不是）、不韪（冒天下之大不韪）”；有的属动词类，如“不齿、不甘、不愧、不吝、不惜”；有的属形容词类，如“不错、不等、不公、不力、不祥、不一”；有的属副词类，如“不妨、不禁、不日、不消、不用”；有的分属几类，如“不拘”分属动词类（“不拘小节”）和连词类（“不拘什么任务，我都愿意完成”），又如“不堪”分属动词类（“不堪其苦”）和形容词类（“疲倦不堪”），再如“不成”分属动词类（“我不成了，实在走不动了！”）、形容词类（“这部电影太不成！”）和语气助词类（“难道就这样算了不成？”）。

最后，必须知道，有的短语词并不具有明显的作为某类词的语法特点，也是比较难以归类的。因此，给它们定性归类时，同样必须善于利用一切可以利用的条件，善于灵活地运用直判、排他、类比等方法。

下面分别从成分词性质和非成分词性质两个方面举些例子来谈谈。

（一）成分词性质的一些短语词

判别成分词性质的短语词，办法和要点跟判别成分词或特殊成分词相同。

1. “不是”、“不韪”

“不是”可以作宾语，并且可以带由数量结构充当的定语。由此，可以判定它为名词性的。例如：

（1）镇平妈忙向叔叔一再赔不是。

(2) 羊子给她送去，最好再给她赔个不是。

这里的“不是”都作“赔”的宾语。后一个“不是”带定语“个”。

“不是”若用在“是”后边的宾语部分，常带领属性定语。例如：

(3) 婵娟，我看还是你的不是。

“不韪”也可以用在宾语部分，带上定语。如“冒天下之大不韪”，“不韪”是宾语中心语，带定语“天下”和“大”。它虽然不能受数量结构的修饰，但也不能出现在谓语的位置上，不可能属动词类或形容词类。由此可以判定它属名词一类。

2. “禁得住”、“禁不住”、“保不住”

“禁得住”表示承受得住的意思，可以带宾语，是动词性短语词。例如：

(1) 怎么禁得住那么大的风？

(2) 这种东西禁得住太阳晒吗？

“禁不住”分属不同词类。有时表示承受不住的意思，可以带宾语，是动词性短语词；有时表示不禁、不由自主的意思，具有纯状语性，是副词性短语词。例如：

(3) 根本禁不住那么大的风！

(4) 我禁不住笑了起来。

例(3)的“禁不住”属动词类，例(4)的“禁不住”属副词类。

“保不住”和“禁不住”情况相似，分属动词类和副词类。有时，表示不能保持的意思，可以带宾语，是动词性短语词，如：“小伙子，不加油干，就保不住年度奖金了！”有时，表示有可能但不一定的意思，具有纯状语性，是副词性短语词，如：

"这个天儿很难说,保不住会下雨。"

3."据说"

"据说"属动词类。但是,它前边不能加副词,后边不能带时态助词,在句子里总是充当独立成分,可以活动于主语前后(如"据说这件事早就传开了","这件事据说早就传开了"),要对它的动词词性作直接判定是困难的。

判定它属动词类,很大程度上只能依赖于跟"听说"的类比。"据说"是"据别人说","听说"是"听别人说",许多时候"据说"和"听说"可以互换。例如:

(1) 叭儿狗一名哈巴狗,南方却称为西洋狗了,但是,听说倒是中国的特产,……

(2) 然而终于将那谋主释放了,据说是因为已经成了民国,大家不应该再修旧怨罢。

例(1)也可以用"据说",例(2)也可以用"听说"。可见,"听说"、"据说"有相似之处。"听说"肯定是动词类(可以带宾语,可以带时态助词,如"我也听说过这件事"),那么,有类似之处的"据说",也应属动词类。

4."了不起"、"差不多"

"了不起"应归形容词类,这好判断,因为它可以受程度副词的修饰("很了不起、非常了不起"),不能带宾语。

"差不多"也应归形容词类,但它不能受程度副词的修饰,难以直接判定,只能运用排他和类比的方法来给它定性。例如:

(1) 两只箱子的重量差不多。

(2) 两只箱子差不多重。

(3) 这只箱子差不多有十公斤重。

例(1)里作谓语,例(2)里用在形容词前边作状语,例(3)里用在动词前边作状语。不管出现什么位置上,都有“相差很少、相近”的意思。

这样的“差不多”,不应归副词类,因为它能用于谓语部分;也不应归动词类,因为它不能带宾语,并且找不到作为动词的其他根据。另一方面,它可以用“接近、相近”或“几乎相同”去替换,“相近、相同”是形容词,“接近”也可以用作形容词(“比分相当接近”),因此,把它归入形容词类是恰当的。

有时“差不多”表示“一般、普通”的意思,带“的”作定语。这样的“差不多”归形容词类更不会引起争论。例如:

(4) 差不多的人他是看不上眼的!

(5) 差不多的价钱就可以了!

5. “差点儿”

“差点儿”有时应归形容词类。这样的“差点儿”表示质量稍次的意思,作谓语或定语,可以用形容词性的“稍差、较差”去替换。例如:

(1) 价钱还合理,就是货色差点儿。

(2) 差点儿的货色他们不肯要!

“差点儿”有时应归副词类。这样的“差点儿”表示某种事情接近实现或勉强实现,具有纯状语性,一般能替换为副词“几乎”。例如:

(3) 我说这句话的时候,鼻子一酸,差点儿流出了眼泪。

(4) 当时我差点儿被录取。

例(3)“差点儿”表示事情接近实现，例(4)“差点儿”表示事情勉强实现，它们都能替换为“几乎”。

“差点儿”也可以说成“差一点(儿)”。例如：

(5)“哼！还不认账哩！”快话撇撇嘴，“差一点没闹翻天！”

这里是相当于“几乎”的“差一点”，属副词类。

有时“差点儿”是“动词＋量词”(“差一点”是“动词＋数量结构”)，不是短语词。其中的动词“差”可用动词“欠缺”去替换。例如：

(6)纸张够了，就是颜料还差点儿。

6.“从此”“借故”等等

“从此”本是介词结构，“借故”本是动宾结构，但在句子里它们结合得相当紧，成了一个运用单位，可以看作短语词。

作为短语词，它们只能归入副词类，因为充当状语是它们的“专职”。例如：

(1)我从此没去了。

(2)我借故没去了。

(3)我从此借故没去了。

例(1)单用“从此”，表时间；例(2)单用“借故”，表方式方法；例(3)连用“从此”和“借故”，既表时间又表方式方法。

由介词结构或动宾结构凝固而成的副词性短语词是比较多的。例如“从头、按理、趁便、趁势、趁早、乘机、乘兴、乘虚、就地、就近、顺便、顺手、沿路、到处、依次、随后、随口、借口、抽空、连年、连日、连夜、劈头、倾巢、迎面、逐年、逐月、逐日、改日、改天、尽情、尽兴”等等。

当然,并不是所有的由介词结构或动宾结构凝固而成的短语词都属副词类。属不属副词类,还是得根据语法特点来判别。比如:“尽心”和“竭力”,结构相同,意义相似,但“尽心”可以说成“很尽心”,可以作谓语,“竭力”却不能说成“很竭力”,只能作状语。例如:

(4) 她尽心地为我们办事。

(5) 她对我们确实很尽心。

(6) 他竭力地为我们辩护。

*(7) 他对我们确实很竭力。

可见,“竭力”属副词类,“尽心”属形容词类。

7. “十分之一”

“十分之一”即十分中的一分,本是个“数量”修饰“数(量)”的偏正结构。它本身结合较紧,可以看作短语词,归数词类。它后边有时还可以出现量词,一起组成数量结构,如“十分之一秒”。

“二分之一、五分之三、百分之五十”等等,都是这类短语词。

(二) 非成分词性质的一些短语词

判别非成分词性质的短语词,办法和要点跟判别非成分词相同。

1. “总之”

“总之”应归连词类。它用于词语、分句或句群之间,表示下文是总结性的话。例如:

(1) 人的社会实践，不限于生产活动的一种形式，还有多种其他的形式，阶级斗争，政治生活，科学和艺术的活动，总之社会实际生活的一切领域都是社会的人所参加的。

(2) 但在前几天，我忽然在无意之中看到一本日本文的书，可惜忘了书名和著者，总之是关于中国戏的。

例(1)"总之"用在词语之间，表示归总；例(2)"总之"用在分句之间，引出结语。

"总之"会不会是副词性的？从例(1)在名词性结构之间表示分合的用法看，副词不可能具有这样的特点。因此，它不属于副词类。

"总之"有时说成"总而言之"。就现代汉语说，"总而言之"还是可以看作连词性短语词。不过，相对地看，"总之"是更接近合成词的短语词，"总而言之"是更接近短语的短语词。

2. "反之"

"反之"用在分句或句群之间，引出在内容上跟上文相对或相反的上文，是个表示对照关系的连词性短语词。例如：

(1) 由于事物范围的极其广大，发展的无限性，所以，在一定场合为普遍性的东西，而在另一一定场合则变为特殊性。反之，在一定场合为特殊性的东西，而在另一一定场合则变为普遍性。

(2) 常常，梅书记给她讲的道理她懂得了，后来经林副书记一说，她又糊涂了。反之，在林副书记那儿听来的有板有限的理论，经梅书记三言两语，却又把她送上了五里云端。

“反之”和“相反”意思接近，但词性不同。“相反”能作定语，“反之”不能。“相反”有时也用在分句或句群之间，但它后边可以带“地”，或者前边可以加“恰恰、正好”或其他修饰成分，因此不能把“相反”归入连词类。例如：

（3）所谓形而上学的或庸俗进化论的宇宙观，就是用孤立的、静止的和片面的观点去看世界。……和形而上学的宇宙观相反，唯物辩证法的宇宙观主张从事物的内部、从一事物对他事物的关系去研究事物的发展，……

这里，“相反”带介词结构状语“和形而上学的宇宙观”。如果说单用时算连词类，带状语后算形容词类，这是难以令人信服的。不能否认，“相反”单用时意义较虚；但是，顶多只能算形容词性短语的弱化用法。

“反之则不然”是个包含假设关系的紧缩句，由动词“反”、代词“之”、关联副词“则”、副词“不”和代词“然”组成。这里的“反之”不宜看作短语词。从上下文之间的关系看，“反之则不然”往往起承上启下的作用，是个“关联句”，有明显连接性，但包含在“反之则不然”中的“反之”却不应分离出来单独算连词性短语词。

3. “此外”

“此外”也属连词类，连接分句或句群，引出上文所说的情况之外的其他情况。例如：

（1）自从有阶级社会存在以来，世界上的知识只有两门，一门叫做生产斗争知识，一门叫做阶级斗争知识。自然科学、社会科学，就是这两门知识的结晶，哲学则是关于自然知识和社会知识的概括和总结，此外还有什么知识呢？没有了。

(2) 此外，锻炼身体也很重要。有了强壮的身体，才能把工作做得更好，才能学习得更好。

“此作”有时说成“除此之外”。“除此之外”也可以看作短语词，归连词类，但它更接近于短语，而“此外”更接近于合成词。

“另外”和“此外”意义相近，但“另外”属指示代词类，可以作定语，如“将另外三张空毛边纸收起”，而连词性的“此外”没有这样的用法。

4. “再说”

“再说”用在分句或句群之间表示推进一层，相当于“而且、况且”，也应归连词类。例如：

(1) 算了吧，主任不是让你十号才正式提天气预报吗，再说县站也没说有冰雹。

(2) 照你说，咱们都应该替自己留条路，大家高高兴兴，都没意见。那样办得到吗？再说，这是一条什么样的路呵！

在“别忙，等一等再说”里，“说”是动词，“再”是副词，“再说”不是短语词，而是状心结构的短语。

5. “无奈”

“无奈”有时属连词类，用在分句之间表示转折，可以替换为“可是、但是”，但带有“不如意”的意味。例如：

(1) 昨天本想去游泳，无奈天不作美，下起大雨，只好作罢。

(2) 本想马上告诉他，叫他早点高兴高兴，无奈他正和别人研究事情，只好待会儿再说。

有时“无奈”属形容词类，表示“没有办法”的意思，可以出现在“出于无奈、他也无奈”这样的语言环境里，也经常单独作状语。例如：

(3) 这时刘长春已欠了一身饥荒，取借无门，无奈只好三文不值两文地卖掉仅有的财产——两间半房子，才卖了四百元钱。

这种“无奈”不能替换为“可是、但是”之类，不属于连词类；其次，也不可能属于副词类，因为它可以充当谓语中心语（“他实在无奈，只好卖掉房子”），可以在“出于”后边出现（“他出于无奈，只好卖掉房子”），而副词没有这样的用法。再说，它也不具有其他词类的性质。可见，只能归入形容词类。

6. “别说”

“别说”也属连词类，用于递进关系的复句，表示浅一层的情况不算什么，还有深一层的情况。有时出现在前一分句，大体相当于“不仅”，整个复句是由浅入深的关系；有时出现在后一分句，大体相当于“何况”，整个复句是以深证浅的关系。例如：

(1) 别说是水，连片雪也找不到了。

(2) 连片雪也找不到，别说是水！

例(1)相当于“不仅……而且……”的递进句，例(2)相当于“尚且……何况……”的递进句。再如：

(3) 别说是嫁妆，连一双像样的鞋都没有穿出来。

(4) 连一双像样的鞋都没有穿出来，别说是嫁妆！

例(3)“别说是嫁妆”等于说“不仅是嫁妆”，例(4)“别说是嫁妆”等于说“何况是嫁妆”。

有时“别说”是“副词＋动词”，等于“不要说”，是一般的短语，不是短语词。例如：

(5) 爹，你别说了，还是怨我工作没作好。

7. “之类”、“之流”、“者流”

“之类”是“这一类”的意思，但从现代汉语句子中的用法看，也可以看作短语词。它附着在名词或并列结构后边表示事物的数量不只一个，接近于“等”或“等等”，应归助词类。例如：

(1) 此后似乎事情还很多，如“白状元祭塔”之类，但我现在都忘记了。

(2) 成绩好的有奖励，譬如奖一辆纺车，奖毛巾、肥皂、笔记本之类。

“之流”、“者流”作用跟“之类”相近，也是助词性短语词。例如：

(3) 无名氏文学如《子夜歌》之流，会给旧文学一种新力量，我先前已经说过了；现在也有人介绍许多民歌和故事。

(4) 农民运动发展的结果，农民的文化程度迅速地提高了。不久的时间内，全省当有几万所学校在乡村中涌现出来，不若知识阶级和所谓“教育家”者流，空唤“普及教育”，唤来唤去还是一句废话。

8. “好了”

“好了”有时属于语气助词类。它用在句末表示陈述或祈使的语气，带有允诺、劝诱、让步等意味，大致相当于早期白话中的“便了”，也可替换为“就是了”。去掉它，不影响句子基本结构的完整性。例如：

(1) 你如果不愿进宫，等她认真提到的时候，我替你婉谢好了。

(2) 你悄悄地叫婵娟把衣服给你，不要声张好了。

(3) 一首一尾你要加些什么话，也由你斟酌好了。

(4) 吉先生：……怎样写法？

吉太太：随便写几句好了。

如果“好了”前边出现“就”，“好了”不是语气助词性质的。比较：

(5) 子兰，你去好了。

(6) 你去就好了！

例(5)等于“你去就是了”，“好了”属于语气助词类。例(6)是紧缩句，动词“去”和形容词“好”都是谓语中心语，“了”是语气助词。

如果“好了”单用，也不属于语气助词。例如：

(7) 好了，好了，你们两位不必互相标榜了。

这里的“好了”是“形容词＋语气助词”。应承认“好”和“了”结合较紧，跟单用的“算了”、“行了”之类一样，略带叹词意味，但肯定不属于语气助词。

9. “得了”

“得了”有时属于语气助词类。它表示陈述或祈使的语气，跟“便了、好了、就是了”基本相同，但略带不满意味。例如：

(1) 你放心，我明天一定去，绝不让生产受影响得了。

(2) 你走得了,家里的事不用你操心。

"得了"前边出现"就",便不是语气助词性质的结构。例如:

(3) 我也不预备睡觉,随便坐坐就得了。

"随便坐坐就得了"是紧缩句,"坐坐"和"得了"都属动词,充当谓语中心语。

"得了"单用,也不是语气助词性质的结构。例如:

(4) 得了,得了,别闹了!

这里的"得了"也属动词类。只能说,它跟单用的"算了""行了"之类一样,略带叹词意味。

10. "不成"

"不成"有时属于语气助词类。它用在疑问句句末,表示揣度或反问的语气。常跟前面的"难道、莫非"等呼应。例如:

(1) 你老人家这么大年纪了,难道要人成天表扬你不成?

(2) 莫非支部书记的这种性格,对于别的人们也有什么传染不成?

在能替换为"不行"时,"不成"不是语气助词性质的结构。例如:

(3) 在那里,爬上三十里的大山,爬上二十里的沙滩,还可以找到清水泉、污水井;现在可不成了,走了好几天,依然望不见水的踪影。

这里的"不成"可以换成"不行",可以不用在句末。它不属于语气助词类,应归动词类。

11.“的话”、“的缘故”

“的话”应归语气助词类。这个词，用在复句里假设分句的末尾，表示假设语气，常跟前面的“如果、要是、假如、万一”等呼应使用。例如：

(1) 要是你猛抬眼看见了前面远远有一排——不，或者只是三五株，一株，傲然地耸立，像哨兵似的树木的话，那你的恹恹欲睡的情绪又将如何？

假设分句有时倒置在结果分句的后边。“的话”仍然可以出现在倒置的假设分句的末尾。例如：

(2) 语文，是几门很难教的功课之一，如果不说它是最难教的一门功课的话。

同“的话”结构相似，而且也用在分句末尾的，是“的缘故”。它附着在原因分句的末尾，常跟前面的“因为、由于”等呼应，表示释因语气，也可以划归语气助词类。比如：“因为山洪暴发的缘故，汽车好几天没进山来了。”

12.“也罢”

“也罢”有时属于语气助词类。有两种用法。

其一，“也罢”用在句子末尾，作用跟“便了、好了、得了、就是了”相近，并带有只好容忍或只能如此的意味。例如：

(1) 他既然那么忙，我暂时不找他也罢。

(2) 他很久没来了，其实呢，不来也罢。

其二，“也罢”分别用在两个以上分句或句子成分的后边，表示“无条件”的语气，即强调任何情况下都不会影响某种结果的出现或某种结论的成立。常跟前面的“无论、不管”呼应。例如：

(3) 历史上不论中国的战争也罢,印度的战争也罢,都是孤立的。

(4) 其实,看天也罢,点香也罢,真正当钟用的还是你爷爷。

(5) 干也罢,不干也罢,眼下到了年跟儿啦,社员们谁家不做点年菜磨点豆腐?

“也罢”单用,不是语气助词性质的结构。例如:

(6) 也罢!好歹先找队长谈谈。

这里的“也罢”跟单用的“也行、算了、得了”一样,是动词性结构。当然,应承认它们都略带叹词意味。

13.“也好”

“也好”有时属于语气助词类,相当于“也罢”。例如:

(1) 既然有了孩子,让她先回姑姑家也好。

(2) 在车站躲一下也好,要是在柳村下车,那不是正走在路上吗?

这两例的“也好”,相当于第一种用法的“也罢”,也可以替换为“好了”。

(3) 答应也好,不答应也好,你要早点拿定主意啊!

(4) 铁厂也好,钢厂也好,或者是别的什么工厂也好,反正那里有千千万万只精巧坚强的手,正配合着全国人民一致的节奏,用钢铁铸造着祖国的江山。

这两例的“也好”,相当于第二种用法的“也罢”。

“也好”单用,不是语气助词性质的结构。例如:

(5) 也好,在工会主任直接领导下做工作,学的东西多了,进步也快。

“好”是形容词,“也”是副词。

出现于句末的“也好”,如果不能用“也罢”替换,也不是语气助词性质的结构。例如:

(6) 这小张师傅,民主作风也好。

这里,“好”是形容词,作谓语中心语;“也”是副词,作状语。

八　句管控中动形词性的条件变异

动词和形容词进入具体的句子,由于受到特定格局的管控,其词性可以有条件地发生某种变异。有时,动词、形容词向名词有所移靠,出现了动词形容词指称化的现象;有时,形容词向动词有所移靠,出现了形容词动态化的现象。

(一)动词形容词的指称化

所谓“动词形容词的指称化”,是指动词形容词用于主语部分或宾语部分,其基本作用由描述转变为指称。这是由于受到主宾位置的管控,使动词和形容词在性质上向名词有所移靠的现象。比较:

(1) 他在创作。

(2) 他搞创作。

“创作”是动词。前一例,“创作”作谓语,描述一种行为;后一例,“创作”用于宾语位置,指称了一种职业性活动。

关于动形指称化,要注意以下三点:

第一,动词形容词出现在了主语宾语的位置。介词的后置成分,有人称为介词宾语,也可以促使动形指称化。例如:

(1) 他把创作当成生活中最重要的一件事。

第二,充当主宾的动形,可以带上定语。有的,前边不出现定语，但留有定语的空位；有的，前边出现了定语。例如：

(2) 他搞农村题材的创作。

上例，“创作”带上了定语“农村题材的”。诚然，“定语(的)＋动词”或“定语(的)＋形容词”的结构，已经不再是一般意义上的动词性结构或形容词性结构。

第三，指称化的动词形容词，性质上具有两面性。

一方面，还或多或少地保留动词形容词的某些用法。比方，可以受这个那个副词的修饰。这说明：动形指称化，不等于动词形容词已经完全转化成了名词。例如：

(3) 把小说改成剧本，实际上是搞再创作。

上例表明，“搞”后边宾语位置上出现的“创作”，可以受副词“再”的修饰，保留了动词的一部分特点。(在这种情况下，“再创作”一起成为宾语。)

另一方面，指称化的动词形容词，可以回答“什么”或“什么意见/感觉/情况”的问题，向名词有所移靠。例如：

(4) 讨论之后，大家对厂长作出的生产安排，一致表示同意。

(5) 我慢慢回过头来，酣睡的人的呼吸那样匀称，我的心里充满了温暖。

(6) 疼爱和打骂一点都不矛盾。

例(4)，动词“同意”单独作宾语；例(5)，形容词“温暖”单独作宾语；例(6)，动词“疼爱”和“打骂”组成并列结构作主语。它们都已指称化，回答“什么”之类的问题。再如：

(7) 我们应当向抢险英雄们表示庆贺和敬意。

(8) 迫切希望事业大发展的心情，不能简单地表现为焦躁和牢骚。

例(7),“敬意”是名词,跟它并列的“庆贺”应是动词的指称化用法。由于“庆贺”已经指称化,已经在一定程度上移靠名词,它才能跟名词并列使用。不然,如果一个是动词,一个是名词,这两个性质完全不同的词怎么能并列起来?同样,例(8)的“牢骚”是名词,跟它并列的“焦躁”也应是形容词的指称化用法。

应该特别指出的是:主语宾语的位置,使得动词形容词有可能带上定语;而定语的带上,便成为动词形容词的指称化的一种显性框架标志。那么,“定语(的)+动词/形容词”的结构是如何形成的?主要情况,有以下三种。

其一,主谓结构的谓语由动形充当,若在“主·谓”之间加“的”,便成为用于主语部分或宾语部分的定心结构。例如:

(1) 人喊叫

→人的喊叫

→这确是人的喊叫

(2) 他迂

→他的迂

→我心理暗笑他的迂

“喊叫”是动词,“迂”是形容词,“人喊叫”和“他迂”都是主谓结构。主谓之间加“的”,说成“人的喊叫”、“他的迂”,便成为定心结构,“喊叫”、“迂”是其中的中心语。在“这确是人的喊叫”里,“人的喊叫”作“是”的宾语,回答“什么”的问题;在“我心理暗笑他的迂”里,“他的迂”作“暗笑”的宾语,回答“什么”的问题。再比较:

(3) 总理逝世，一开始也不敢告诉他。

(4) 总理的逝世，在老一代革命家的心理，就是这样地引起了深深的悲痛。

例(3)，“总理”是主语，动词“逝世”是谓语；例(4)，“总理”和“逝世”之间加“的”，“总理”成了定语，动词“逝世”成了是主语中心语。“总理的逝世”用在主语部分，回答“什么”的问题，起指称作用。又如：

(5) 他很关心我们的安全。邓妈妈受他的委托，亲自到成都来接我。

这里，“我们”和“安全”之间加“的”，“我们”成了定语，形容词“安全”成了宾语中心语；“他”和“委托”之间加“的”，“他”成了定语，动词“委托”成了宾语中心语。“我们的安全”，“他的委托”，都用在宾语部分，指称了情况或事件。

其二，状心结构的中心语由动形充当，若在状心之间加“的”，或把状心之间的“地”换成“的”，就成为用在主语部分或宾语部分的定心结构。例如：

(1) 在对立面的斗争中发展

→在对立面的斗争中的发展

→这是在对立面的斗争中的发展

“在对立面的斗争中发展”是状心结构；“在对立面的斗争中的发展”是定心结构；“这是在对立面的斗争中的发展”里，“在对立面的斗争中的发展”用在宾语部分，指称了客观情况。

(2) 无尽地悲忿

→无尽的悲忿

→在旧中国，洞庭湖只有无尽的悲忿

"无尽地悲忿"是状心结构,"无尽的悲忿"成了定心结构。在"只有无尽的悲忿"里,"无尽的悲忿"用在宾语部分,指称了人物情绪。再比较:

(3) 我们大家都衷心拥护会议的决定。

(4) 对于会议的决定,我们大家都表示衷心的拥护。

例(3),"衷心拥护"是状心结构,其中的"拥护"是谓语中心语。例(4),"衷心的拥护"由于加"的",成了定心结构,用作动词"表示"的宾语,指称了人物的内心活动。再比较下面两个"关怀":

(5) 周总理不仅是在关怀我的子女,也是对整个革命后代的关怀啊!

前一个"关怀"作谓语中心语,是动词的一般用法;后一个"关怀"带定语"对整个革命后代(的)",作"是"的宾语,成了动词的指称化用法。

这种指称化用法的形成,是以动形为心的定心结构出现于主语部分或宾语部分,定心之间有时用"的";如果直接出现于谓语部分,带"的"的改为"地",指称化的现象就不再存在。比较:

(6) 他们曾有过两次秘密的会见。

(7) 他们曾经两次秘密地会见。

例(6),"会见"作宾语中心语,带定语"两次"、"秘密(的)",这是指称化用法;例(7),"会见"作谓语中心语,带状语"两次"、"秘密(地)",这是一般的描述性用法。

上述两种情况,有时是结合的。即,一个结构如果失去指称化的条件，或者说离开指称化的环境，那么，不是只变为“主·谓”或“状·谓”，而是变为“主·状·谓”。例如：

(8) 大会作出的决议，受到了全体代表的热烈拥护。

(9) 全体代表热烈拥护。

例(8)，“拥护”作宾语中心语，带定语“全体代表(的)”和“热烈”(可添“的”)，是指称化用法。例(9)，离开了宾语的位置，“全体代表”成了句子的主语部分，“热烈”成了状语，“拥护”成了谓语部分的中心语。

值得注意：“主·状·谓”的结构，在进入指称化的环境之后，如果其中的“状”是不能成为定语的副词，那么，其中的“状·谓”一起成为中心语。比较：

(10) 他不老实。

(11) 他的不老实，是谁都知道的。

例(10)，“他不老实”是“主·状·谓”。例(11)，“他的不老实”充当主语，“不老实”是主语中心语。(“不老实”本身可以分析为“状+形”，但这是这个短语内部的结构关系，而不是一个句子在总体结构中存在的成分关系。)

其三，动词充当以“进行”为代表的动词(包括“搞、作了、加以、开始、停止、结束、继续”等)的宾语；宾语动词若带上定语，宾语部分便成为定心结构。例如：

进行研究 → 进行科学研究

进行学习 → 进行政治学习

进行创作 → 进行文学创作

进行改革 → 进行教学改革

进行调查 → 进行社会调查

值得注意：

第一，“进行”之类动词作谓语，后边的宾语不会由典型的名词充当。因此，上例里的“科学研究、政治学习”之类，尽管很像名词结构，但不是典型的名词结构，而是以动词为中心的具有指称化用法的定心结构。

第二，“进行”之类作谓语，后边充当宾语的动词尽管有时不带定语，像是一般动词，但也应看作是指称化用法。因为，在这种情况下，它们前边留有定语的空位，只能添加定语，而不能添加状语。这就是说，受到“进行”之类的管控，后边的动词不同于一般的动词。比较：

(1) 看来，这几位首长要热烈地进行谈话了。

(2) 看来，这几首长要进行热烈的谈话了。

前一例，“热烈地”作状语，“谈话”单独作“进行”的宾语。后一例，“热烈的”成了“谈话”的定语，“热烈的谈话”一起做“进行”的宾语。独用的“谈话”也好，定心结构“热烈的谈话”也好，都是指称化用法。再看两例：

(3) 他只能在这汽车的颠簸中，闭闭眼睛，积蓄力量，再作勇猛的跃进。

(4) 看他们的演出，陈主任已经给我作了安排。

上例，充当谓语中心语的“作”都可以替换为“进行”。两例的宾语部分里，例(3)“跃进”带上了定语“勇猛(的)”，例(4)“安排”可以添加上“很好(的)”之类定语，它们都是指称化用法。

知道了指称化的一些情况，还要知道哪些现象不算指称化。应该注意以下三点。

第一，动词或形容词充当宾语，但只能回答“怎么样”的问题的，其性质并未向名词移靠，不是指称化用法。例如：

(1) 敌人企图破坏。

(2) 我不想报名。

(3) 这个经验值得重视。

“破坏”、“报名”、“重视”都充当宾语，但都只能回答“怎么样”的问题。它们也不能带定语。如“这个经验值得重视”，不能说成“这个经验值得大家的重视”。它们都是一般的动词，而不是指称化用法。应知道，“什么”是名词性代词，问事物，跟它相应的是名词性词语；“怎么样”是非名词性代词，问动作、性状、方式等等，跟它相应的不是名词性词语。只能回答“怎么样”的问题的词语，在性质上不可能是指称化的。

第二，具有名词的最基本的特征，比如受表示物量的数量结构的修饰的，已经完成了对名词的转化，应算名词。例如：

(4) 打倒了“四人帮”，这是我国革命历史上又一个伟大的转折。

(5) 科学是老老实实的学问，来不得半点虚假。

例(4)，“转折”作宾语，受物量结构“一个”的修饰。这里，动词已临时转化成了名词。例(5)，“虚假”作宾语，受物量结构“半点”的修饰。这里，形容词已临时转化成了名词。

第三，分属动词和名词的词，或者分属形容词和名词的词，在出现于名词经常使用的语法环境里时，应算名词。例如：

(6) 在学习中遇到困难或者问题的时候，要多向老师请教，多和同学研究，多开动脑筋。

(7) 最后，祝你们身体好，学习好，工作好！

“困难”或是名词，或是形容词，在这里是名词；“学习”、“工作”或是名词，或是动词，在这里都是名词。

20世纪50年代，我国语法学界提出了“动词形容词名物化”的说法；80年代，好些学者对这个说法提出质疑，从而导致在教学中取消了这一说法。但是，问题只是被掩盖下来了。无论如何，主宾位置上的动词和形容词，是受到很多制约的，跟通常位置上的动词形容词是有很多不同的。用“指称化”说法代替“名物化”说法是否理想，这很难说。不过，这个问题是词类问题中的难题，应加强研究，不应回避，这是毫无疑义的。

（二）形容词的动态化

所谓“形容词的动态化”，是指形容词带上了某种表示性状变化的成分，具有一定的动态，但并未完全转化为动词。这是由于受到句子中语词配置的管控，形容词在性质上向动词有所移靠的现象。

形容词动态化的情况，主要有三种。这些情况，反映了形容词动态化的条件。

1. 形容词用在“已经……了”之类的格式之中，表示某种性状的变化已经完成。例如：

(1) 杯里的水已经凉了。

(2) 天黑了。路滑，拿这盏小橘灯照你上山吧！

例(1),“凉”前加“已经”,后带“了”,表示已“变凉”的意思。例(2),“黑”后带“了”,前可加“已经”,表示已“变黑”的意思。

(3) 夜,已经很深了。

(4) 时间,已经很长了。

(5) 外面更黑了。

“深、长、黑”受程度副词“很、更”的修饰,说明仍然具有形容词的性质;另一方面,带上“已经”“了”,又说明具有一定的动态。

这种格式的否定形式是“还没……”。例如:

(6) 天还没黑,演出开始了。

“还没黑”是对“已经黑了”的否定。这种否定形式中的形容词,也是动态化的。

2. 形容词用在“曾经……过一阵”之类格式之中,表示某种性状存在过一段时间。例如:

(1) 晚上,雨小过一阵,风也曾平息下来。

(2) 他确实曾经神气过好几年。

例(1),“小”后边带“过”,再带动量补语,表示“小”的状态持续过一个时段。例(2)“神气”前边加“曾经”,后边带“过”,再带动量补语,表示“神气”的状态持续过一个时段。总之,说明某种性状曾经出现,但后来起了变化,不再存在。这种动态化的形容词,有时也能受程度副词“略微、稍微”的修饰,如“雨略微小过一阵”。

这种格式的否定形式是“从来没……过”。例如:

(3) 这一带从来没热闹过。

"从来没热闹过"是对"曾经热闹过"的否定。这里的形容词,也是动态化用法。

3. 形容词用在"顿时……起来"、"逐渐……下去"等格式之中,表示某种性状的变化已经开始,或某种性状的变化往下持续。例如:

(1) 我顿时紧张起来。

(2) 炉火的微光渐渐暗下去。

例(1)表示"紧张"的状态立即开始,例(2)表示"暗"的状态持续发展,都包含有变化的意思。

有时,"性状变化的开始"和"性状变化的持续"这两方面可以并列使用,互相映衬,在对照中说明客观事实。例如:

(3) 敌人一天天烂下去,我们一天天好起来。

这里的"烂"和"好"同样都已动态化。

这种格式里,动态化形容词前边的表示时间的词语可以不用,只在后边出现趋向动词;也可以只在前边出现表示时间的词语,后边不出现趋向动词。例如:

(4) 从潼关到宝鸡的列车到达郭县站的时候,天色暗下来了。

(5) 他满身灰尘的后影,刹时高大了。

例(4),"暗下来"等于说"逐渐暗下来",但并未出现"逐渐"之类时间词;例(5),"刹时高大"等于说"刹时高大起来",但并未出现"起来"这一趋向动词。可见,只要后带"起来"、"下去"、"下来"之类,或者前加"立即""突然""顿时""刹时"之类,形容词所表示的性状都具有动态。

这种动态化的形容词,也可以受程度副词"更加"的修饰,如“我顿时更加紧张起来”，“天色更加暗下去”。

除了以上三种情况之外，有的形容词还可以带“着”表示性状的正在持续。例如：

(6) 金宝掀门进来，很疲乏，面孔灰暗着。

这里带“着”的“灰暗”也是动态化的。不过，能以这样的方式表示动态的形容词是不多的。

一般的语法书，不谈形容词的动态化。从上面所列举的各种现象看，形容词动态化的事实是无法否认的。而动态化的条件，归总起来说，就是：形容词入句用在谓语部分，前后出现了常在动词前后出现的语言因素，即跟时间意义有关的副词、时态助词、趋向动词等等，从而在句子的语词配置上形成了特定的格局。我们知道，动词是从动态上反映事物的行为变化，形容词是从静态上反映事物的性质状态。一个形容词，当它附加上时间副词、趋向动词等等之后，尽管仍然表示事物的性质状态，但它已不是“静态”的了。因此，承认这些现象是形容词的动态化用法，跟动词形容词指称化的现象一样，都是词性的条件变异现象，这是有利于动态地认识复杂多变的语言事实的。

当然，如果一个形容词已经具备动词最根本的特征——带宾语，那么，它就完成了对动词的转化，应该承认它已临时转化成了动词。著名诗句“春风又绿江南岸”，“绿”就是形容词临时转化成了动词。又如：

(1) 他红着脸说：“我就是爱说梦话，…”

(2) 老板却黑起脸抵塞地说：“你怕撞着败家鬼罗！”

“红(着)”“黑(起)”都带宾语“脸”，它们都已用作动词了。

索　　引

【说明】书里重点讨论或附带提到的词,包括短词词,凡是笔者认为有必要列出的,都在这里按音序列出,并注明词性和页码。词性后加“……”的,表示列举未尽。

H

J

K

L

W

X

Y

Z

附录一 “刚刚”

本文讨论时间词“刚刚”。一般认为，时间词“刚刚”相当于“刚”。实际上，可以分化为“刚刚$_1$”和“刚刚$_2$”，前者相当于“刚”，是时间副词，后者相当于“刚才”，是时间名词。本文对时间词“刚刚”作语义的、语法的、语值的多角度考察，包括三大部分：1. 从语义角度考察“刚刚”。这一部分描写“刚刚$_1$”和“刚刚$_2$”的语义特点和比较它们的差异。2. 从语法角度考察“刚刚”。这一部分从造句功用、相对位次、对 VP 的要求三个方面揭示“刚刚$_1$”和“刚刚$_2$”在语法上的差异。3. 从语值角度考察“刚刚”。这一部分从表意上的价值、节律上的价值、语体上的价值三个方面阐述“刚刚”的语用价值。

“刚刚”有时表示“仅仅/恰好”之类的意思(声音很小，刚刚可以听到|身高一米六，刚刚达到标准)，因跟时间概念无关，而且情况比较单纯，不必讨论。

一 从语义角度考察“刚刚”

1.0 时间词“刚刚”实际上跟两个时间概念相联系。根据表意功能、同义替换形式及语法特征的不同，“刚刚”可以分化为两个：“刚刚$_1$”，主要表示事件发生时间的始发点，可以用时间词“刚”来替换；“刚刚$_2$”，总是表示事件发生在说话前不久，可以用时间词“刚才”来替换。例如：

刚刚$_1$

他们都刚刚过了春节就出发了。

→他们都刚过了春节就出发了。

→*他们都刚才过了春节就出发了。

刚刚$_2$

他们刚刚都出发了。

→*他们刚都出发了。

→他们刚才都出发了。

为了便于考察，先明确下列几个概念：

1）事件时间——受“刚刚”修饰的动词性词语所表示的事件的发生时间。

2）指称点——“刚刚”所表示的时间位置。

3）参照点——“刚刚”往往表示在某一时点前不久，这某一时点即参照点。

1.1 关于“刚刚$_1$”

“刚刚$_1$”的指称点同事件时间存在极为密切的关系。只要是“刚刚$_1$”，其指称点都处在事件时间的始发点上。例如：

(1) 三个人刚刚举杯相碰，酒杯就都在半空静止了，……(贾平凹《浮躁》)

(2) 小芸刚刚分到科里。(王安林《办公室里有蜜蜂》)

事件时间为“举杯相碰”“分到科里”所发生的时间，指称点处于“举杯相碰”“分到科里”的始发点上。这两例又代表两种情况：1. 指称点和事件时间完全叠合。这时，事件时间往往是非连续的，或持续极短的：事件刚一发生，马上停止或转向结束。如例(1)。2. 指称点和事件时间不完全叠合。这时，事件时间持续较长，"刚刚"所指的只是这一时间最开始的那个时点。如例(2)。

"刚刚$_1$"的参照点为某一不确定的时间，受具体语言环境包括特定词语的制约。

有时参照点为说话时间，指称点处于说话前不久。如：

(3) "你怎么才回来？""讨论会刚刚结束。"

(4) 两个新毕业的大学生，刚刚分配到文化局不久……(苏叔阳《假面舞会》)

这两例，"刚刚"所表示的时间都以说话时间为参照点。

有时参照点是过去某时点，指称点不是处于说话前不久，而是处于过去某时点前不久。如：

(5) 那件事出现得很突然。当时武光东刚刚率领一个代表团访问日本归来。(水运宪《裂变》)

(6) 总理笑了笑，摇摇头。这位历史的伟人刚刚见到延安街头要饭的孩子。(闵国库《在倾斜的版图上》)

例(5)，参照点由特定词语"当时"显示，"当时"是过去某时点，即"那件事出现"所处的时间，而"刚刚"所表示的指称点则处于"当时"这一参照点前不久的时间。例(6)，参照点由具体语言环境显示，等于说"那时，总理笑了笑，摇摇头"，而指称点则处于这一参照点前不久。

1.2 关于"刚刚$_2$"

"刚刚$_2$"的作用同"昨天、上午"之类一样，用来确认事件时间的位置，其指称点同参照点存在固定而明确的联系。只

要是"刚刚$_2$",其指称点总是处于说话时间——即参照点前不久。如:

(7) 他刚刚在粮店卖完花生,曾经牵着毛驴来这儿转悠。(张一弓《寻找》)

(8) 我想刚刚她一定又是在呆呆凝望着那群鸽子在飞翔的。(张抗抗《塔》)

"他……牵着毛驴来这儿转悠"的时间,"她……呆呆凝望着那群鸽子在飞翔"的时间,都是"刚刚"。只有一点不同:前者是说话人亲眼看到的事实,后者是说话人的推断。

1.3 "刚刚$_1$"和"刚刚$_2$"的比较。

首先,"刚刚$_2$"的参照点是固定的,而"刚刚$_1$"的参照点却是灵活的。说"刚刚$_2$",参照点一定是说话时间;说"刚刚$_1$",参照点既可以是说话时间,也可以不是说话时间。比较:

刚刚$_1$

伤口刚刚痊愈。　　　　　　(说话时间)

当时,伤口刚刚痊愈。　　　　(过去时间)

刚刚$_2$

伤口刚刚还在出血呢。　　　　(说话时间)

*当时,伤口刚刚还在出血呢。　　(过去时间)

由于"刚刚$_1$"的参照点不一定跟说话时间存在固定的联系,尽管"刚刚$_1$"有时表示说话前不久的意思,但在特定的句法结构中这种意思就会被消除。比如:

句法结构Ⅰ:"刚刚……的时候"

a. 游乐场刚刚开放。

b. 游乐场刚刚开放的时候，一天要接待好几万人。

a. 她刚刚上大学。

b. 她刚刚上大学的时候，看什么都新鲜。

a句里，表示事件始发点位于说话前不久的意思；b句里，这一意思被"……的时候"的句法结构所消除，只强调事件时间的始发点，说话人只是说在这一始发点上发生了什么事情。

句法结构Ⅱ："刚刚……就……"

a. 他的论文刚刚发表。

b. 他的论文刚刚发表，就引起了国内外学术界的广泛注意。

a. 他刚刚当上科长。

b. 他刚刚当上科长，穿着就讲究起来了。

a句里，表示事件始发点位于说话前不久，但在b句里，一进入"刚刚……就……"的句法结构，说话前不久的语义便被消除，说话人只是指明事件的始发点。

其次，"刚刚$_1$"和"刚刚$_2$"都跟"前不久"的语义相联系，但"不久"所反映出来的说话人的心理特征却大不相同。

"刚刚$_2$"的"不久"基本上是一种客观陈述，听话人据此可以大致把握它所表示的时间距离的位置：可能是几分钟前，两三小时前，绝对不会超过一天，一般也不会超过半天。例如：

(9) 刚刚她这两句话，是那么成熟与机智，可想而知，今天晚上的会面，也是她一手促成的。（水运宪《裂变》）

(10) 他将刚刚他怎样丢钱和拾到十块钱的事情都告诉了妈妈。（杜宣《好孩子毛小弟》）

"刚刚$_1$"的"不久"在很大程度上是一种主观描述，听话人只能根据具体语境和具体事件来推测它所表示的时间距离的位置：可能是几秒钟、几分钟、几小时前，也可能是几天、几月，甚至几年前。例如：

(11) 我们前面那辆汽车的尾灯已经亮了，刚刚刹住车，……（德兰《真》）

(12) 这也难怪，刚刚交替过来，省长的处境是很困难的。（水运宪《裂变》）

前一例有上下文的提示，一般指几秒钟前。后一例就很难把握："交替过来"可能是几天前，也可能是几月前，甚至可能是一年前。

一段时间距离，究竟算长还是算短，往往受个人心理状态的制约，反映其主观意识、主观情绪。"刚刚$_1$"这个时间词，是可以把"长"当"短"来强调的。看下面的对话：

父亲：刚刚学过四则混合运算，怎么就不会做了？

儿子：都学过一个学期了，谁还记得！

"一个学期"，在儿子看来是够长的了，但父亲却用"刚刚$_1$"来强调，这显然反映出描述的主观色彩。

总之，由于"刚刚$_1$"偏重于指明事件发生的始发点，而"刚刚$_2$"总是用来确认事件发生在说话时间不久前的时间，它们的本质语义特点是有所不同的。

二　从语法角度考察"刚刚"

2.0 "刚刚$_1$"是时间副词，"刚刚$_2$"是时间名词，它们在语义上有不同，在语法上也呈现出好些差异。[1]下文主要从三个方面考察它们语法上的差异：

1）造句功能——指能够充当什么句子成分，能否成为独词句。

2）相对位次——指跟某些成分或某些词语相对待时所处的位次。

3）对VP的要求——VP指受“刚刚”修饰的动词或动词结构。

2.1 造句功能

时间副词“刚刚$_1$”只能充当状语，时间名词“刚刚$_2$”不仅能充当状语，还能充当定语和独词句。例如：

(13) 同时，对小桂，又隐隐地产生了厌恶感；原来你刚刚$_2$的动作是为了………（张贤亮《早安！朋友》）

(14) 大家想起刚刚$_2$办公室里的情景，不禁毛骨悚然。（王安林《办公室里有蜜蜂》）

上例“刚刚”用在名词或名词结构前边作定语。

(15)（其中一个护士用漠然的口气截住我焦急的询问：）“走啦。他非得要求出院。刚刚$_2$。”（张辛欣《在同一地平线上》）

上例“刚刚”独用，可以分析为独词句。

顺带指出：“刚刚$_1$”和“刚刚$_2$”都可以作状语，这一点上它们是相同的。但是，在复句里，如果“刚刚$_1$”和“刚刚$_2$”用于前分句，而后分句有个跟它们对应使用的时间词，那么，跟时间副词“刚刚$_1$”对应使用的往往是时间副词“立即”之类，跟时间名词“刚刚$_2$”对应使用的往往是时间名词“现在”之类。即：

S 刚刚$_1$ VP，(S)立即 VP。

S 刚刚$_2$ VP，(S)现在 VP。

比较：

(16) 他刚刚$_1$ 跑到车站，小伙子们马上把他拉回去了。

(17) 他刚刚$_2$ 跑来车站，现在又不知跑到哪里去了。

又如：

(18) 那位病人刚刚还咳嗽不止，现在好多了。

(19) 苏三荡刚刚还喧嚣杂遝，此刻却是一片死一般的沉默。

这里的“刚刚”跟“现在、此刻”对应使用，是时间名词“刚刚$_2$”。

2.2 相对位次

2.2.1 跟某种成分相对待时所处的位次

首先，“刚刚$_1$”总是出现在主语后边，不能出现在主语前边；“刚刚$_2$”既可以出现在主语后边，也可以出现在主语前边。例如：

(20) 上工的铃刚刚$_1$ 响过，张三就把电门合上了。(陈村《一天》)

→ * 刚刚$_1$ 上工的铃响过，张三就把电门合上了。

(21) 路灯刚刚$_2$ 还很亮，过了这点时光就变得不大亮了。(同上，83 页)

→ 刚刚$_2$ 路灯还很亮，过了这点时光就变得不大亮了。

"刚刚$_2$"用在主语前边时,可以有较明显的停顿,书面上加逗号:

(22) 刚刚,它们还只是一些模糊不清、躲躲闪闪的剪影。(王家达《青凌凌的黄河水》)

其次,用于谓语部分时,"刚刚$_1$"可以出现在一般状语后边,甚至可以出现在连动式结构中间,"刚刚$_2$"则要求出现在前边。[2]例如:

(23) 他在饭店刚刚$_1$吃完饭,不想就碰着一个人。(贾平凹《浮躁》)

(24) 我们各自都有几柜书,有着共同年龄的女儿——她们又同样兴奋地刚刚$_1$接到重点大学的"录取通知书"。(罗达成《少男少女的隐秘世界》)

上例"刚刚$_1$"用在一般状语后边。"刚刚$_2$"没有这种位次。

(25) 他拍着他那叠谱纸,像他家新买了钞票机刚刚$_1$印出了票子。(张欣《投入角色》)

(26) 70 年代末期他从乡下回来刚刚$_1$复职……(熙高《燃烧的暴风雪》)

上例"刚刚$_1$"用在连动结构"新买了钞票机印出了票子""从乡下回来复职"中间。"刚刚$_2$"没有这种位次。

2.2.2 跟某些副词相对待时所处的位次

"还、都、又"这几个副词,它们跟"刚刚"的位次关系是绝对的。它们如果跟"刚刚"同现,那么,"刚刚$_1$"一定出现在它们的后边,"刚刚$_2$"一定出现在它们的前边。比较:

小孙女还刚刚$_1$学说外语呢!

小孙女刚刚$_2$还学说外语呢！

再看两个例子：

(27) 这些兵其实都刚刚学喝酒，对各种酒什么味并不能辨清，……（周大新《走廊》）

(28) 昨天下了一场雨，下午机关又刚刚进行过大扫除，整个办公室便窗净几亮。（王安林《办公室里有蜜蜂》）

例(27)，“刚刚”用在“都”后边，是时间副词“刚刚$_1$”。如果“都”用到“刚刚”后边，如说“这些兵刚刚都学喝酒”，“刚刚”便成了时间名词“刚刚$_2$”。例(28)，“刚刚”用在“又”后边，是时间副词“刚刚$_1$”，句首还出现了时间名词“下午”。如果“又”用在“刚刚”后边，如说“机关刚刚又进行大扫除”，“刚刚”便成了时间名词“刚刚$_2$”。由于“刚刚$_2$”是相当于“刚才”的时间名词，句首的时间名词“下午”就不能再出现。

有两点需要说明：

第一，“刚刚”和“才”有时连用，或者说“才刚刚”，或者说“刚刚才”。这是同义连用格式，“才”是时间副词，“刚刚”用在后边时固然是时间副词，用在前边时也是时间副词。如：

(29) 当炮火开始全线轰响的时候，潘荪才刚刚$_1$走到了41高地的山脚。（周大新《走廊》）

(30) 我也刚刚$_1$才到。（刘震云《塔铺》）

第二，能跟“刚刚$_1$”“刚刚$_2$”同现的副词并不总是一样的。比方，“刚刚$_1$”可以跟“别”同现，“刚刚$_2$”却排斥“别”；相反，“刚刚$_2$”可以跟“正在”同现，“刚刚$_1$”却排斥“正在”。如：

(31) 这可不是闹着玩的，别刚刚$_1$出了劳改队，又进了阎王殿。

→*S 刚刚$_{2}$别……

(32) 我刚刚$_{2}$正在洗漱，忽见一道黑影从我眼前闪过。

→*S 正在刚刚$_{1}$……

2.3 对 VP 的要求

2.3.1 意义方面的要求

有的动词在意义上是一种“过程动词”，所表示的行为可以往参照点之后延续。“刚刚$_{2}$”总是表示说话前不久的时间，它的后边不能出现这种过程动词；“刚刚$_{1}$”则总是表示行为的始发点，因此，它的后边可以出现这种过程动词。例如：

(33) 老秀才晚年得子，深怕断了香火，匆匆在邻村选中一个姑娘，便逼着刚刚$_{1}$成年的儿子结婚。（边震遐《秋鸿》）

(34) 达师傅又翻一次身，眼前又出现一个莫雨，这次是……一个刚刚$_{1}$发胖的、好脾气的中年妇女。（铁凝《六月的话题》）

有的动词本身不是过程动词，但如果整个 VP 相当于这种过程动词，同样不能跟“刚刚$_{2}$”配合，只能跟“刚刚$_{1}$”配合：

(35) 我们的读者中肯定有许多是刚刚$_{1}$做爸爸妈妈的。

(36) 而且，在福冈举行的亚洲女排锦标赛上，他就给刚刚$_{1}$经过新老更替的中国女排泼了一盆冷水。（鲁光《中国男子汉》）

2.3.2 结构方面的要求

"刚刚＋动＋时段补语"的结构,"刚刚$_1$"和"刚刚$_2$"对时段补语的要求有所不同。

时段补语如果采取"数＋量"的形式,用"刚刚$_1$"时,"数＋量"可以表示较短时段,也可以表示较长时段;用"刚刚$_2$"时,"数＋量"只能表示较短时段。如:

(37) 这些农民,什么时候准备的雨伞?雨才刚刚$_1$下了几分钟啊!(闵国库《在倾斜的版图上》)

(38) 刚刚$_1$出来几天,就常常被一种说不清、道不明、莫名其妙的情绪搅得睡不安然。(冯苓植《落凤枝》)

"几分钟"时段较短,"几天"时段较长。"刚刚$_2$……几分钟"能说(他刚刚$_2$还在这儿坐过几分钟),"刚刚$_2$……几天"却不能说(*他刚刚$_2$还在这儿坐过几天)。

时段补语如果不是"数＋量",或者不是单纯的"数＋量",那么,用"刚刚$_1$"时,时段补语采用带有缩小意味的"不久、不一会儿"之类形式,如:

我刚刚$_1$坐下不久,这催命鬼又来了!

我刚刚$_1$坐下不一会儿,这催命鬼又来了!

相反,用"刚刚$_2$"时,时段补语可以采用夸大意味的"好久、好一会儿"之类形式。比如"他刚刚曾经牵着毛驴来这儿转悠"(参看例(7)),其中用"刚刚$_2$"可以说成例(39),却不能说成例(40):

(39) 他刚刚曾经牵着毛驴来这儿转悠了好一会儿。

(40) *他刚刚曾经牵着毛驴来这儿转悠了不一会儿。

有时"刚刚"所修饰的不是典型的 VP。"刚刚$_1$"和"刚刚$_2$”对非典型VP表现出不同的选择性。

如果是“刚刚＋很＋形容词”，那么，一定是“刚刚$_2$”修饰“很＋形容词”。如“路灯刚刚还很亮”(例21)。又如：

我刚刚很生气。

她刚刚非常伤心。

如果是“刚刚＋(到＋)时间名词”，那么，一定是“刚刚$_1$”修饰时间名词，其中隐含“到”的意义。如：

(41) 刚刚$_1$九点，公园里就人满为患了。(李云良《牌友》)

(42) 刚刚$_1$早晨，空气又黏又脏，站里站外的人……吆喝着挤来挤去。(孟晓云《多思的年华》)

三　从语值角度考察“刚刚”

3.0　一个语言符号存在的根据就在于它在自己所处的系统中有着独特的价值，不然，它就会成为多余的东西，就会被淘汰。

“刚刚$_1$”和“刚”构成一对同义词，“刚刚”和“刚才”构成一对同义词。为什么有了“刚”和“刚才”，还需要“刚刚”？这个问题要从语用价值的角度来回答，而回答了这个问题，我们对“刚刚”的认识就会更加全面，更加完整。

3.1　表意上的价值

“刚刚$_1$”和“刚”都表示动作的始发点。但是，比较地说，“刚刚$_1$”往往可以特别突出地强调动作的速发性。

证据一：当行为间的连接在事实上“间不容发”的时候，用

“刚刚$_1$”比用“刚”能给人更加鲜明的感觉，更加强烈的印象。例如：

(43) 他刚刚$_1$醒来，呐喊一声就摇头晃脑地打起来。(张炜《古船》)

(44) 刚刚$_1$和这辆卡车错过，迎面又来了一辆同样的运输原木的卡车。(白桦《一支枯竭了的歌》)

这里的“刚刚$_1$”，如果换成“刚”，在表意的准确鲜明上就稍逊于原句。

证据二：“刚刚X就Y”和“刚X就Y”都表示X与Y的先后紧接，但在“刚刚X就Y”里，后项一定可以出现“立即、突然”之类表示瞬间速发的词语。如：

(45) 他刚刚$_1$迈进中圣门，顾客们立即蜂拥而来，簇拥在他的周围，……(石坚、马津海《市长李瑞环》)

(46) 棋子刚刚$_1$摆好，……忽然传来一阵清脆细柔的鸣声：“唧！唧！唧……”(边震遐《秋鸿》)

(47) 陆母刚刚$_1$坐下，突然弹射而起！

(48) 刚刚$_1$进屋想看个仔细，猛地嗡隆一声，腾起一块绿云。(李亚南《蓝瞳》)

有时，前项用了“刚刚$_1$”，后项虽然不出现“立即、忽然”之类，但可以补上。如：

(49) 龟山弘吉刚刚$_1$苏醒过来，他就(立即)到司令部告状去了。(王星泉《白马》)

(50) 刚刚$_1$脱下外衣，就(忽然)听见有人敲门。(水运宪《裂变》)

在“刚X，就Y”里，后项不一定都能够顺当地使用“立即、突然”之类词语。如：

(51) 刚走到火车站，小虎就睡着了。(姜滇《市长夫人》)

→* 刚走到火车站，小虎就立刻睡着了。

→* 刚走到火车站，小虎就突然睡着了。

证据三：“刚刚$_1$”和“刚”都可以用在“动词语＋时间名词语”前面，但其中的名词语有些微妙差别。

如果述说的仅仅限于始发点上发生的事情，不涉及以后紧接着发生的反向变化，那么，用“刚刚$_1$”时，时间名词往往表示短暂的时间，用“刚”时，时间名词语可以表示较长的时间。比较：

(52) 刚刚$_1$按铃那一刹那，她的心怦怦直跳，不知命运到底如何摆布自己。

(53) 刚当教师那年，我二十一岁，我的学生视我为“大姐”“大朋友”。(钱怡《爱在北大荒》)

“一刹那”时间极短，句子后项可以出现“忽地、猛地”之类词语：她的心忽地怦怦直跳；“那年”时间较长，句子后项可以出现“常常”之类词语：我的学生常常视我为“大姐”“大朋友”。

有时，所用名词语在词面上相同或基本相同，但所表示时间实际上有短长的差异。例如：

(54) 等阿猫刚刚$_1$骑上墙头的时候，忽然间，听得一缕笛声远远飘来，……(边震遐《秋鸿》)

(55) 白天明刚分到新华医院时，常常到这筒子楼里来找郑柏年。(苏叔阳《故土》)

同是“时、时候”，前一例“时候”相当于“那一瞬间”，后项用了“忽然间”，后一例“时”可以换成“那一年”，后项用了“常常”。

有意思的是，如果所述说的事情后来事实上并非如此，那么，“刚刚$_1$”后边可以出现“一年”之类，但从整个语境看，却是强调情况很快就发生了变化。这时，在说话人的心理感觉上，“一年”之类所表示的时间仍然是短促的。比如，可以比照例(55)，造出这么个句子：“白天明刚刚分到新华医院的头一年，对什么事情都十分认真。”又如：

(56) 多丽刚刚$_1$上班的前半年，瑞心因她的乐观笑容而羡慕她的幸福。……(林湄《女人啊！女人！》)

“头一年”也好，“前半年”也好，跟“刚”相对而言，用“刚刚”更有强调作用。

3.2 节律上的价值

“刚”是单音词，“刚刚”是双音词。在某种情况下，双音词“刚刚$_1$”可以加强语句的节奏感和音乐美。看例子：

(57) 春分刚刚$_1$过去，清明即将到来。(郭沫若《科学的春天》)

(58) 刚刚$_1$背道而驰，马上迎头碰到。(高晓声《巨灵大人》)

用“刚刚”，前后分句节奏匀称，读起来顺口悦耳，如果改用“刚”，就会失去对称美。

双音词“刚刚$_1$”的使用，有时还为了适应语流中音节配合的需要。看例子：

(59) 太阳刚刚$_1$落山，西边的天上飞起一大片红色的霞朵。(路遥《人生》)

(60) 柳杭的春天来得早，积雪刚刚$_1$消融，绵绵的春

雨便湿润了大地。(闵国库《在倾斜的版图上》)

在这样的语流中用“刚刚$_1$”同其他双音词配合使用,具有谐调美。如果把“刚刚$_1$”换为“刚”,读起来没那么顺口。

3.3 语体上的差异

“刚刚$_2$”和“刚才”意思没有区别,音节完全相同。它们的细微差别,表现在言语的语体色彩上面。“刚刚$_2$”是口语词,用于口头述说的话语当中;“刚才”是语体上的中性词,既通用于口语,也通用于书面语。说话时,使用“刚刚$_2$”,往往可以更好地适应谈话语体的需要,使语句更能上口。看几个例子:

(61) 刚刚$_2$这个球是扣出了界外。(中央电视台播出的排球赛解说)

(62) 白思弘?你刚刚$_2$不是说白思弘跟罗晓莉好吗?(张贤亮《早安!朋友》)

(63) 柏子叔公,刚刚$_2$你……你说的秋……秋秋鸿,是咋格东西啊?(边震遐《秋鸿》)

以上例子口语色彩都很浓。在顺口叙说、顺口提问中这么使用“刚刚$_2$”,语体上显得十分和谐。

反过来看,在书面色彩较浓的环境里,就不宜用“刚刚$_2$”,而应该用“刚才”。如:

(64) 代表们刚才所提的一系列建议,我们将成分予以考虑。

这里,“所提的一系列建议”“充分予以考虑”都是典型的书面语说法。如果把其中的“刚才”换成“刚刚$_2$”,不仅失去了庄重的色彩,而且觉得说着别扭。

再比较下面两个例子:

(65) 但是我想，刚才说的军队要整顿，要安定团结，要落实政策，这些原则是不会错的。(《邓小平文选》)

(66) 我刚刚$_2$说的“无论从哪方面”，一是说……二是说……(黄小初《永远走红的汽车》)

前一例是“刚才说的……”，后一例是“刚刚说的……”。前一例见于十分庄重严肃的场合，用“刚才”在语体色彩上显得和谐得当；后一例是“拉家常”的场合说的，“刚刚$_2$”更显得随便顺口。

四 结语

(一) 从语义的角度看：“刚刚$_1$”相当于“刚”，表示事件时间的始发点。“刚刚$_1$”还可以表示事件始发点处于“某时点前不久”，但“前不久”侧重主观描述，“某时点”既可以是说话时间，也可以是过去某时点。在关系的必然性上，“刚刚$_1$”同过去、同说话时间没有本质的联系。“刚刚$_2$”相当于“刚才”，表示事件发生在说话前不久。“刚刚$_2$”用来确定事件发生的时间位置，不具有表示事件时间始发点的作用。“刚刚$_2$”所表示的“前不久”侧重客观陈述；在关系的必然性上，“刚刚$_2$”同过去与说话时间有着本质的联系。

(二) 从语法的角度看：“刚刚$_1$”是时间副词，“刚刚$_2$”是时间名词，它们在造句功用上，在跟某种语言成分相对待时所处的位次上，在对 VP 的要求上，都表现出互相对立或互有差异的一些语法特征。比方，“刚刚$_1$”只能作状语，“刚刚$_2$”还能充当定语和独词句。再比方，“刚刚$_2$”可以用在主语前边，“刚刚$_1$"不能用在主语前边;如果跟"还、都、又"同现,"刚刚$_2$"一定在前边,"刚刚$_1$"一定用在后边。又比方,VP里如果包含时量补语,用"刚刚$_1$"时时量补语采取带有缩小意味的"不久、不一会儿"之类形式,用"刚刚$_2$"时时量补语采取带有夸大意味的"好久、好一会儿"之类形式。

(三)从语值的角度看:跟"刚"和"刚才"相比较,"刚刚$_1$"和"刚刚$_2$"都具有独特的语用价值。"刚刚$_1$"在运用中主要从表意上、节律上显示其价值;"刚刚$_2$"在运用中主要从语体色彩上显示其价值。[3]

附　　注

[1] "刚才"是时间名词,相当于"刚才"的"刚刚$_2$"也是时间名词。凡是用"刚刚$_2$"的地方都能换为"刚才",但不能反过来说只要是"刚才"都能换成"刚刚$_2$"。这种情况并不奇怪。在时间名词里,各个时间名词的有效使用面有大有小。跟"刚才"比,"刚刚$_2$"的有效使用面要小一些;跟"昨天、上午"之类比,"刚才"的有效使用面又要小一些。本文只考察"刚刚$_1$"和"刚刚$_2$"的语法上的差异,不涉及"刚刚$_2$"和"刚才"互换条件的全面描写问题。

[2] 我们这里用的是"一般状语"的概念。有些表示语气的状语,比方表示推测语气的"似乎、好像"之类,"刚刚$_2$"可以出现在后边,也可以出现在前边,"刚刚$_1$"却只能出现在后边。比较:

小两口似乎刚刚$_2$还在吵嘴。

小两口刚刚$_2$似乎还在吵嘴。

小两口似乎刚刚$_1$起床。

* 小两口刚刚$_1$似乎起床。

[3] 本文从语义、语法、语值三个角度考察了"刚刚$_1$"和"刚刚$_2$"。它们在语音上是否有所不同,这个问题待作进一步的考察。《现代汉语词典》中,"刚刚"只有一个义项:刚^2(副词)。标音:gāng·gang。

在“根据《现代汉语词典》压缩改编而成的”《现代汉语小词典》中，“刚刚”一词有两个义项：A. 刚（副词）；B. 刚才。读音皆标为：-gāng。尽管《现代汉语小词典》“刚刚”一词的“刚才”义项下所举的例子（“他刚刚走，你快追吧！”）实际上相当于“刚刚才”，“刚刚”还是副词，但这部词典毕竟肯定了“刚刚”有时相当于“刚才”，可以认为义项下面的用例不是穷尽遍举的。

主要参考文献

北京大学中文系1955、1957级语言班：《现代汉语虚词例释》，商务印书馆1982年版。

吕叔湘主编：《现代汉语八百词》，商务印书馆1980年版。

邢福义：《关于副词修饰名词》，《中国语文》1962年5期。

中国社会科学院语言研究所词典编辑室：《现代汉语词典》，商务印书馆1973年版。

中国社会科学院语言研究所词典编辑室：《现代汉语小词典》，商务印书馆1981年版。

周小兵：《“刚＋V＋M”和“刚才＋V＋M”》，《中国语文》1987年1期。

（原载《中国语文》1990年1期。本文跟当时是硕士研究生的丁力、汪国胜、张邱林合写。这里略有修补。）

附录二 “半”和“双”

《HSK 常用词汇一览表》把“半”“双”二词的词性分别标注为数词和量词。本文是对《一览表》的说法的补足。全文包括六个部分：1. 关于数量词系统；2. 数词系统中的“半”；3. 量词系统中的“双”；4. 量词“半”和数词“双”；5. “半”“双”的数量混沌；6. 小结。文章把“半”和“双”放在现代汉语数量词系统中来考察，试图通过数量词系统更好地理解“半”“双”，又试图透过“半”“双”加深对数量词系统的认识。

一 关于数量词系统

“数词＋量词”构成现代汉语词类系统中一个特殊的子系统——数量词系统。其基本特点，表现在：1. 数词和量词定型组合，共同外向；2. 数词和量词相互规定，相互促成。

首先，“数词＋量词”成了一个定型组合的结构，已近似于短语词，因而通常叫作“数量词”。句法组合中，“数量词”在同三大成分词名动形发生组合关系时，作为一个整体结构“一致对外”。一般是显性的，如：九架飞机（数量→名），飞机九架（名←数量）；三次访问（数量→动），访问三次（动←数量）；万丈高（数量→形），高万丈（形←数量）。有时是隐性的，如：九人（＝九个人：数[量]→名），三渡天险（＝三次渡过天险：数

[量]→动),写封信(=写一封信:[数]量→名),这封信(=这一封信:这[数]量→名)。

其次,在"数词+量词"的结构中,"数"规定"量","量"规定"数"。换句话说,数词对量词的性质有促成作用,量词对数词的性质有促成作用。当我们看到这样的结构框架:

数X→名

X量→名

如果已知项为"数",未知项X一定是"量"。比如:"三X书",已知其中的"三"是数词,那么,X一定是"本、册、页、箱、柜"等等量词。有的形式通常是名词,一进入这种结构,也会被促成量词。如:"三书架书","书架"通常是名词,这里却被促成了量词。反之,如果已知项为"量",未知项X如果不是"这、那"等指示代词,或者不是"大、小、整、满"之类形容词,X一定是"数"。如:"X箱书",已知其中的"箱"是量词,那么,排除了"这箱书(可以说成'这一箱书')、整箱书(可以说成'整整一箱书')、满箱书(可以说成'满满一箱书')"等情况,X不可能不是数词。

两种情况有点特殊:

其一,单音量词重叠式AA,可以直接跟名词组合,有时不好再加数词。不过,它本身包含"每一"或"多"的意思,实际上表示一种隐性的数量关系。如:门门功课都是100分(=每一门功课)|天上是朵朵白云(=多朵白云)。

其二,"数"和"量"之间,有限地接纳"大、小、满、整、厚、长"等少数几个形容词。如:一大滩,一小滴,一满碗,一整箱,一厚摞,一长溜。陆俭明(1988)有详细论述,可参看。

在现代汉语里，“半”和“双”属于数量词系统。它们有时是数词，有时是量词，有时是数量混沌现象。

二　数词系统中的“半”

数词系统是数量词系统的一个分支。考察数词系统中的“半”，需要用三个标准来检测数词。这就是：1. 可否直接进入“X 量”中 X 的位置；2. 可否进入“第 X”中 X 的位置；3. 可否进入“从 X 开始”中 X 的位置。

a. 一　二　三　四　五　六　七　八　九　十　十一　十二……

b. 两　半　许多　无数

c. 零

d. 百　千　万　亿

检测上面的数词，可以知道：

a 组是＋＋＋。这是最典型的数词。既可以表示统数，也可以表示序数。比如“三个、十杯”、“第三、第十”和“从三开始、从十开始”等等都能说。这类数词中，单纯数词共十个，即“一”至“十”。从属于典型数词的有一个“几”。“几”本是疑问数代词，有时用来表示不定小数目，可以说“几个、几杯”，也可以说“第几”和“从几开始”。

b 组是＋——。这是一组无次第数词，只表示统数，不表示序数。可以说“两个、半个、许多个、无数个”，但不能说“第两、第半、第许多、第无数”和“从两开始、从半开始、从许多开始、从无数开始”。由疑问代词转化而来的表示不定数目的

“多、多少、若干”，性质相同。

c组是？一十。只有一个“零”。“零”是个不成数的离量数词。可以说“从零开始”，但不能说“第零”。特别是，由于它不成数，一般不会跟量词组合，即一般“离量”。如一般不说“零个、零杯”。除非大人这么问小孩：“三个加三个等于几个？三个减三个等于几个？”小孩也许会回答说：“三个加三个等于六个。三个减三个等于零个。”

“从X开始”这一格式可以帮助分化数词，但不能用来确认数词。因为别类词也可以进入这一格式：“从今天开始|从你开始|从学步开始”。认定“零”是数词，是由于它是数字对应体系中的一个词，比如“三减三等于零”；而且，在特殊语境中，不是绝对不能出现“零个”之类的说法。

d组是???。共四个。通常以数词的构词成分的身份出现：一百|三千|五万|七亿|亿万。一般情况下，如果没有“一、三、五”等的参与，不仅不能说“第百、第千、第万、第亿”，也不大能说“从百开始、从千开始、从万开始、从亿开始”或“百个、千个、万个、亿个”。当然，在文言性或诗歌性语句中，“酒逢知己千杯少”“黄金万两”之类说法十分自然，但从常见用法上说，它们毕竟具有“一般不独立活动”的特殊性。

从上可知，“半”在数词系统中是无次第数词。它同“两、许多、无数”同类，都只用于统数，不具备跟“第”组合的功能，不能作为数数开始的一个数。

在此基础上，应该知道以下几点：

第一，从表意上说，“半”“两”和“许多”“无数”又是两小类。“半”“两”是有定统数词，“半”即二分之一，“两”即一加一;“许多”“无数”是无定统数词,由于表多数,而且是双音节,往往独用,但也往往跟量词结合使用。《HSK常用词汇一览表》把“许多”“无数”都注为形容词,但形容词不能跟量词组合,它们应该都是数词。数词“多、多少、若干”也是无定统数词。

第二,“半”一般跟物量词组合。但是,“半”的意义是二分之一,它的组合对象必须是表示跟确定数量或确定实体相联系的可二分单位的量词。比较:

半打(+)　半点(+)　半群(—)　半些(—)

“打”跟十二有固定联系,“点”可以代表一个确定实体,它们都可以跟“半”组合;“群”和“些”都不表示确定的实体或数量,它们都不能跟“半”组合。

物量词所表示的单位是否跟确定数量确定实体相联系,往往要看NP的语义。如:

一个苹果　一个馒头 → 半个苹果　半个馒头

一个情况　一个念头 → 半个情况(?)　半个念头(?)

“苹果、馒头”是确定实体,可以说“半个”;“情况、念头”不是确定实体,一般不说“半个”。

在物量词里,表示度量衡单位的量词,全都跟确定数量相联系。按说它们应该全都可以跟“半”组合,然而,却有一个“丈”是例外:

半斤　半两　半吨　半磅　半钱　半厘　半亩

半斗　半升　半里　半米　半寸　半尺　半丈(?)

“半尺、半寸”等能说,“半丈”却一般不说。这也许是习惯使然,说不出为什么。

第三,“半”一般不跟动量词组合。这是因为,动量词所表示的单位不跟确定数量或确定实体相联系。比如:

半下(?) 半次(?) 半遍(?) 半趟(?)

一个量词形式,有时表示物量,有时表示动量。能否同“半”组合,跟表示物量还是表示动量有关。比如:

昨晚电影只放了一场→昨晚电影只放了半场(+)

昨晚她们大哭了一场→昨晚她们大哭了半场(—)

“半晌”似乎是“半+动量词”。比如:“段正淳沉思半晌。”其实,“晌”尽管不是物量词,但也不是一般的动量词。严格地说,它是一个时量词,它所表示的时段尽管模糊,但有一定的长度,因此可以用“半”分段。

第四,在对情况作否定性强调的场合,“半”可以同任何量词组合,形成超常搭配现象。这是为了取得特殊的语用效果。比如,一般不说“半个念头”,不说“半次”,然而却有下面的说法:

我有什么念头?我<u>半个</u>念头也没有!

我去过几次?我<u>半次</u>也没去过!

三 量词系统中的“双”

量词系统是数量词系统的另一个分支。考察量词系统中的“双”,需要用三个标准来检测量词。这就是:1. 能否直接进入“数 X(NP)”或“(VP)数 X”格式中 X 的位置;2. 能否重叠表“每”;3. 能否加特定形容词作量的评估。

a. 个 位 顶 根 件 颗 面 台 项

盏　张　只　株　桩　堆　股　群　帮　伙

卷　类　列　排　批　段　串　摊　套

b. 样　种　对　双　打　斤　两　尺　寸　磅

里　亩　分　秒

c. 些　撮　抹　搂

d. 成　倍　次　下

检测上面的量词,可以知道:

a组是＋＋＋。这是最有代表性的一般量词,占量词的绝大多数。它们能直接进入“数X”:一个(馒头),一堆(废铁);又能重叠表“每”:个个(都很大),堆堆(像个小山);还能加“形”评估:一大个,一小堆。跟封闭性较强的典型数词相比较,一般量词有较大的开放性,比较能产。

b组是＋＋－。这是一组“可叠不可估”的量词,数量不很多。这组量词,包括空泛义量词“样、种”,定数义量词“对、双、打”和“斤、两、尺、寸、分、秒”等。定数义量词中,大部分是度量衡单位。它们能直接进入“数X”:一样(礼品),一种(怪说法),一对(鸽子),一双(鞋子),一斤(苹果),一分/一秒(钟);能重叠表“每”:样样(礼品都很贵重),种种(说法各有道理),对对(相亲相爱),双双(都系上红带子),斤斤(计较),分分秒秒(想着你);但是不能加“形”评估:一大样(×),一小种(×),一大对(×),一小双(×),一大斤(×),一大分(×),一小秒(×)。

c组是＋－＋。这是一组“可估不可叠”的量词,数量很少。这组量词,一般只包括少量义的“些”和由动词转来的一些量词。它们能直接进入“数X”:一些(钱),一撮(黄土),一抹(白云),一搂(麦杆);能加"形"评估:一大些,一小撮,一小抹,一大搂;但是不能重叠表"每":些些(×),撮撮(×),抹抹(×),搂搂(×)。

d组是+——。这是一组"既不可叠又不可估"的量词,数量很少。这组量词,只包括表示分数和倍数的量词"成、倍"和意义比较虚灵的动量词"次、下"等。它们能直接进入"数X":三成(利息),两倍(水),(看了)三次,(摸了)两下;但是不能重叠表"每",不能加"形"评估:成成(×),一大成(×),倍倍(×),一大倍(×),次次(×),一大次(×),下下(×),一大下(×)。(说明:动量词"次、下"可以说成"一次次、一下下",却不能只说"次次、下下"。)

能直接进入"数X",是一个量词必须具备的条件。但是,应该注意:第一,表物量时,后边必须能出现NP。第二,"数X"中间不能再出现一个明显是物量词的词。比如"十三人",这也是"数X",但后边不能再出现作为计数对象的NP,中间却可以出现明显是物量词的"个":"十三个人"。"人"不是量词。

如果换一个角度来观察量词,又可以看到:量词可以用"NP成X"格式来分化。有的量词表示凝合单位,能进入"NP成X"中X的位置;有的量词表示独体单位,不能进入"NP成X"的格式。例如:一堆废品→废品成堆;一群观众→观众成群;一套房间→房间成套;一双筷子→筷子成双。|一件废品→废品成件(×);一位观众→观众成位(×);一个房间→房间成个(×);一根筷子→筷子成根(×)。量词"些",既非凝合单位,亦非独体单位,也不能进入上述格式:一些用品→用品成

些(×)。

从上可知,在量词系统中,"双"是个"可叠不可估"的量词,并且是一个可以进入"NP 成 X"格式的凝合单位量词。

实际语言运用中,"双"和别的物量词往往对举使用。下面是个特意配置数量组合的例子:

(1) 空旷的竹屋中,竟有五粒明珠,四重门户,三滩鲜血,两双脚印,一具蒲扇!(古龙《护花铃》147 页,海天出版社 1988 年)

这里列出"五 X""四 X""三 X""两 X""一 X",分别嵌进物量词"粒""重""滩""双""具"。

"双"和"对"同义,但同事物的配搭有一定的习用性,二者有时不能互换。应该特别指出的是:

第一,用"双"用"对"有时似乎语用价值略有不同。看这两个例子:

(2) 昨晚是陈姐的一双儿女在家陪我,……(《梁实秋韩菁清情书选》70 页,上海人民出版社 1991 年)

(3) ……你写作,我学习。啊! 那该是多么令人羡慕的一双呢!(同上)

这里用"一双",更多的人也许会用"一对"。"双"和"对"都跟成双配对相联系,但"双"似乎更强调"成双","对"似乎更强调"配对"。

第二,"一双"有时只强调"两个",只跟"成双"的意义相联系,不跟"配对"的意义相联系。如:

(4) 来一个杀一个,来两个杀一双!

这里的"一双"不能说成"一对",它的后边不能再出现名词。

四 量词“半”和数词“双”

4.1 “半”,《HSK 常用词汇一览表》中只标为数词。然而,“半”还可以是量词。对于量词“半”,可以从两个方面加以考察。

(一)“半”可以进入“数 X(NP)”格式中 X 的位置。这是个量词的位置。

作为量词,“半”仍然表二分之一的量。出现在它前边的数词,只能有两个。

一个是“一”。形成的数量组合是“一半”。跟一般的表物量数量组合一样,“一半”可以充当定语及主语、宾语等。例如:

(5) 可麦客要存心整治谁,能毁掉一半收成。(朱小平《桑树坪纪事》,《小说月报》1984 年 10 期 9 页)

(6) 我拿水给你喝时,见到你一半脸孔。便只一半容貌,便是世上罕有的美人儿。(金庸《天龙八部》128 页,三联书店 1994 年)

上例三个“一半”都充当定语。

(7) 说起腊八粥,我们煮了两包,吃不完,一半放进塑胶罐,放在冰箱的上层冻起来,……(《梁实秋韩菁清情书选》95 页)

(8) 大家抢新闻,一半是为了我,一半是你的名气太大,……(同上 111 页)

上例三个“一半”都充当主语。

(9) 叶子已经落了一半，……(徐广泽《胡梦颠倒》，《小说月报》1992 年 12 期 92 页)

(10) 刘副官太黑了，瞎老汉至少要分给他一半，……(林希《丑末寅初》，《小说月报》1992 年 12 期 45 页)

上例一个“一半”充当宾语，另一个“一半”充当远宾语。

“一半”口语里常儿化，书面上有时加“儿”字：

(11) 别说现在还没离婚，就是到离那一天，他的东西也得掰给你一半儿。(厉夏、方金《古船·女人和网》88 页，中国戏剧出版社 1993 年)

(12) 悬赏一千捉逃犯呀，知情举报分一半儿呀！(林希《丑末寅初》，《小说月报》1992 年 12 期 52 页)

上例都写成“一半儿”。

另一个是“两”。形成的数量组合是“两半”。“两半”一般充当“分成”义动词的宾语。例如：

(13) 小豆倌儿在围裙上揩揩手，把瓜接过，分成两半，……(厉夏、方金《古船·女人和网》410 页)

(14) 门是杉树劈的，约七尺长的树段从中破为两半，钉成一扇厚门。(野莽《乌山景色》，《小说月报》1992 年 12 期 89 页)

前一例“两半”充当“分成”的宾语，后一例“两半”充当“破为”的宾语。

“两半”有时和“一半”“另一半”总分衔接，照应使用：

(15) 门轻轻地被关上了，世界被分成两半，一半被

发脾气的大自然主宰着，另一半盛着人们的痛苦欢乐……（杨洪坛《今夜雨纷纷》，《啄木鸟》1992年1期145页）

上例“两半”作宾语，“一半”和“另一半”充当后边两个分句的主语。

“两半”书面上也可以写成“两半儿”：

（16）嗨，我能一劈两半儿吗？（厉夏、方金《古船·女人和网》78页）

（二）“一半”中的“半”，可以作量的“加形评估”。这跟一般量词情况相同，但又有独特之处。

有时说成“一大半”：

（17）我最伤脑筋的是我的稿件，……搬一回，舍弃一大半，……（《梁实秋韩菁清情书选》183页）

（18）令狐冲听得岳灵珊无事，已放了一大半心，……（金庸《笑傲江湖》391页，三联书店1994年）

上例两个“一大半”分别充当宾语和定语。

有时说成“一小半”：

（19）一种可能，是敌占地区将占中国本部之大半，而中国本部完整的地区只占一小半。（毛泽东《论持久战》）

（20）这句话还只说对了一小半。（金庸《笑傲江湖》372页）

上例两个“一小半”都充当宾语。如果“一小半”后边出现名词，比如“同意的只有一小半人”，“一小半”便充当定语。

“一大半”和“一小半”都可以省去“一”，只说“大半”和“小半”。如例(19)中已出现“大半”说法。又如：

(21) 我们离别已有三十六天,大半已经熬过。(《梁实秋韩菁清情书选》172页)

(22) 第一招不用学,第三招只学小半招好了。(金庸《笑傲江湖》378页)

前一例等于说“一大半时间”,后一例等于说“一小半招式”。

有时还可以说成“一多半”或“一少半”。例如：

(23) 大热的天却戴着一顶白礼帽,帽檐儿拉得很低,又戴着一副黑镜,一幅面孔竟被遮住了一多半,……(林希《丑末寅初》,《小说月报》1992年12期47页)

(24) ……里边的黑米煮熟了,吃得还剩一少半,犹自微微冒着热气。(二月河《乾隆皇帝·日落长河》548页,河南文艺出版社1996年11月)

前一例是“一多半”,后一例是“一少半”。比较地说,“一少半”不大常见。

能在数量组合中插入“多(少)”,这是“一半”独有的。再举几例,借以说明这一用法并非仅仅出现于个别作者的笔下：

(25) 老巩把核桃打了一多半的时候,他觉得腰那里有些酸疼。(晓苏《黑灯》184页,漓江人民出版社1993年)

(26) 我不是已经孤身生活了七年吗?再加四年,一共十一年,已过了一多半了呀!(廖静文《往事依依》,《收获》1984年2期65页)

(27) ……“小上海旅店”的字号也打出去了,欠着银行的六万元，已经还上了四万。也就是说，这小楼和里面的装备，已经挣回来一多半了。（马秋芬《远去的冰排》，《小说选刊》1988 年 2 期 6 页）

(28) 她……接着收拾剩下一多半的那些炖菜和馒头。（玛拉沁夫《爱，在夏夜里燃烧》，《小说月报》1985 年 10 期 54 页）

上例都用了"一多半"。这种"数<多/少>量"格式，尚未引起注意。陆俭明《数量词之间插入形容词情况考察》这篇专题论文，没有提及。

"一多半"("一少半")也可以省去"一"，说成"多半"("少半")。如：

(29) 路两边，是多半已经收割了的庄稼地。……这是一个让庄稼人咧开大嘴笑的好年景！（厉夏、方金《古船·女人和网》182 页）

(30) ……一张藤床就设在窗下，床边有周全的家具，多半也都是藤子结合着木板制成器的。（野莽《乌山景色》，《小说月报》1992 年 12 期 89 页）

上例的"多半"相当于"一多半"。

在量词系统中，"半"和"些"同类，是个"可估不可叠"的量词。它不能重叠，如不能说"半半"。此外，它不能直接同指示代词"这、那"组合：虽然可以说"这一半、那一半"，却不能说"这半、那半"。可见，它比包括"些"在内的其他量词受到更大的限制。

说明三点：

第一，"大半个"之类中的"半"，是数词。比如：

(31) 宽宽的雨衣帽子遮住来人大半个脸……(杨洪坛《今夜雨纷纷》,《啄木鸟》1992 年 1 期 144 页)

(32) 金斗一边发着感慨,一边不由分说把我剩下的大半碗三下五除二送进肚。(朱小平《桑树坪纪事》,《小说月报》1985 年 10 期 4 页)

这类说法中,“大半”后边出现量词,层次关系是“大|半个”,不是“大半|个”,不能说成“一大半个”。

第二,“大半生”之类中的“半”是数词。例如:

(33) 胡九爷凭着自己大半生的处世经验,给朱七出着主意。(林希《丑末寅初》,《小说月报》1992 年 12 期 52 页)

(34) 你老人家扑腾了大半辈子,……你该歇歇了。(厉夏、方金《古船·女人和网》195 页)

这类说法中,“大半”后边出现近似量词的“生、辈子”之类,不能说成“一大半生、一大半辈子”。

第三,“多半”有时是副词。比如:

(35) …… 其中顶多一架轰炸机,两架护航机,威力有限。假如统共只有一架,多半就是侦察机,跑不跑的都无所谓了。(中英杰《京广线的随机蒙太奇》,《十月》1992 年 1 期 141 页)

(36) 这两年苏富比的瓷器预展,方月每次躬逢其盛,多半由姚茫陪着,……(施叔青《窑变》,《小说月报》1985 年 10 期 68 页)

副词“多半”表示“也许、大概”之类推测语气,或者“通常、一般”之类述说意思,不能说成“一多半”。

4.2 “双”,《HSK常用词汇词汇一览表》中只标为量词。然而,“双”还可以是数词。对于数词“双”,可以从两个方面加以考察。

(一)数词“双”出现于“X量(NP)”中X的位置上。这个位置上的“双”,不可能是量词。

“双+量+NP”格式中,常用的量词是“重、层、份、倍”等。如:

双重身份　双重人格　双重压力　双重负担

双层板壁　双层屏障　双层岗哨　双层防线

双份礼品　双份工资　双份奖金　双份报酬

双倍价格　双倍时间　双倍精力　双倍收成

有时,出现在“双”和NP之间的不一定是典型的量词,甚至不一定是量词,但它们至少接近于量词。如:

双架床　双轨制　双料货　双胞胎

双边关系　双轮马车　双向飞碟　双门冰箱

举几个实际用例:

(37) 在这双重角色的扮演中,男人心中不会平似秋水,……(胡平《80年代中年男女的情感世界》,《记者写天下》1991年5期21页)

(38) …… 方月从巴丙顿道搭乘双层巴士,沿着拐弯的山路回旋下去,那种眩晕的快感不再使她觉得新鲜……(施叔青《窑变》,《小说月报》1985年10期70页)

(39) 那么,(零用钱)我都双倍给你,好吗?(廖静文《往事依依》,《收获》1984年2期78页)

(40) 俄乌两国领导人举行双边会谈。(中央电视台

《新闻联播》)

这里的“双”,由于后边出现了量词“重、层、倍”和接近于量词的“边”,其数词性质是十分明显的。

“双”的后边有时出现“十”,说成“双十”。如:

(41) 孔雀妃子成名已久,这姑娘最多不过双十年华,……你怕是认错了吧?(古龙《护花铃》246页)

(42) 双十年华,正值人生中最最美丽的时日,你便如此懊恼灰心,莫非是……?(同上86页)

“双十”即“两个十”。“两个十”跟“两个亿”的说法一样,本是数词的“十、亿”等临时被当作计量单位,带上量词性。“双十”中的“双”,无疑只能判定为数词。

“双+量”和NP之间,有时用“的”,这不影响“双”的数词性质:

(43) 可是要是她赶了回来,…… 面临她的将是双重的灾难。(金力明《第九封信》,《读者文摘》1993年总138期30页)

(44) ……我们的行为也显示出一种双重的忠诚。(周励《曼哈顿的中国女人》,《读者文摘》1993年总138期44页)

(二) 在语用价值上,数词“双”重在强调非“单一”的数,“双”字结构常用来给事物命名,具有较浓的书面语色彩。

首先,“双”强调非“单一”。

(45) 山区房屋为了取暖,都设双重门:里面的叫屋门,外面的叫风门。…… 夜间打开这双重门,那声响自然是不小的。(玛拉沁夫《爱,在夏夜里燃烧》,《小说月

报》1985 年 10 期 51 页)

(46) ……男人们便有了双重压力,动辄左右受制,……(胡平《80 年代中年男女的情感世界》,《记者写天下》1991 年 5 期 22 页)

“双重门”指里面的屋门和外面的风门,“双重压力”指中年男人所受到的来自父母儿女的压力和来自“妻管严”的压力。尽管“双”所表示的数目只是“二”,但由于它的作用在于强调非单一,因而给人的感觉是多。

其次,“双”字结构有时用来命名,书面语色彩较浓。

汉语缩略语往往采用数字概括的结构。“二”“两”“双”这三个同义数词,它们在用于命名性缩略结构时有各自的特点。请观察李行健等《新词新语词典》中列举出来的“X+量+NP”的一些命名性结构:

“二”字结构

二次能源　二次污染　二等残废

二部制(把学生分为两部轮流在校上课)　二元结构

“两”字结构

两个凡是　两个估计　两个决裂　两个开放

两个文明

两种教育制度(全日制和半工半读或半农半读)

两类不同性质的矛盾

两点论　两面派　两面性　两条龙　两张皮

“双”字结构

双重国籍　双重领导　双重征税

比较可知:“二”字命名性结构往往表示序数。也有表示统数的,如“二部制、二元结构”,但数量少些。“两”字命名性结构一定表示统数。跟“两”搭配使用的是很普通的量词“个”或“种、类、点、面、条、张”等。“双”字命名结构也一定表示统数,但一般跟“重”和“向、部”等搭配使用,书面语色彩比“两”字结构要浓。正因如此,学术性的或带学术味的说法中,多用“双”字结构作为术语或指称事物。比如,现代汉语语法论著中,常见“双重否定句”“双部句”“双向动词”“双向谓词”等术语。在“双”后边出现了有点量词性的词或某个名词的,还有“双价动词、双性动词、双格动词、双目谓词、双合助字、双联复句、双宾结构、双主语句”等等。又如,家用空调机,有的是具有既可制冷又可制热两种功能的。假如甲问乙:你家安了什么样的空调机?乙会这么回答:“双制”的。

五　“半”“双”的数量混沌

现代汉语数量词系统里有一个特别值得注意的现象,这就是:“数量扭结”。现象不多,却能从一个侧面反映出数量词系统在汉语词类系统中的特殊面貌。

“数量扭结”,主要情况有二:1.“数量合一”。包括两个词:“俩”和“仨”。即:“两个”合一,成为“俩”;“三个”合一,成为“仨”。2.“数量混沌”。包括两个词:“半”和“双”。有的时候,这两个词似数似量,其词性处于混沌状态。

先说“半”。

数词“半”和量词“半”都表示“二分之一”的意思,词性上的区别,表现在所受到的量词规约和数词规约的不同。然而,

“半”有时脱离量词规约或数词规约，即跳出“半+量”或“数+半”的框架，直接同名、动、形等词发生关系，却仍然表示“二分之一”的意思或跟“二分之一”的意思有关。具体情况，大体如下。

a. “半”直接修饰NP：

半仙　半子　半价　半路　半空　半山

b. “半”直接修饰VP：

房门半掩　眼睛半闭　半开玩笑　气得半死

c. “半”直接修饰AP：

半透明　半清醒　须发半白　徐娘半老

d. “半”充当主语或宾语：

半男半女　半师半友　赛事过半　人数过半

脱离规约的“半”，一般都处于似数似量的混沌状态。看几个实际用例：

(47) 一个半成人捧着饭碗，蹲在墙头上，边吃边看扶乩。（陈源斌《北撤河东》，《小说月报》1992年12期70页）

(48) …… 行政院改组，半换新人，市长也换了。（《梁实秋韩菁清情书选》308页）

(49) 铜锁没命地奔跑在半憔悴的山丘上。（厉夏、方金《古船·女人和网》6页）

(50) 梁岩跟着跑过来，半是担心，半是诧异。（宋树根《虎啸龙吟》，《啄木鸟》1992年1期87页）

(51) 喜怒参半？好像还不是，……（黎峰《“四·二四”疑案》，《啄木鸟》1992年1期40页）

上例里,“半成人”“半换新人”“半憔悴”中作定语、状语的“半”,“半是担心,半是诧异”和“喜怒参半”中作主语、宾语的“半”,都很难明确地断定是数词还是量词。

对于这样的“半”,如果要求要么归入数词要么归入量词,怎么办?这只能权衡比较,择善而从。首先,就单用能力而言,数词强于量词。单音数词,作定语、状语、主语、宾语的都有:一敌兵被射中了。(定)我这是三到贵山庄。(状)最重要的事,一是找到大哥,二是弄到粮食。(主)困难有二:没有渡河的船只,这是一;没有本地的水手,这是二。(宾)单音量词,只在特定环境中单用:1. 在“动+(一)量+名”动宾结构中作定语(“写封信”“借本书”);2. 在“成”类动词后边作宾语(“成批”“成帮”“成群结队”);3. 在“论”类动词后边作宾语(“卖肉论斤”“卖布论尺”“买苹果论个”);4. 出现在成语格言之类语句之中(“片言只语”“寸金难买寸光阴”)。其次,就语义重点而言,数量扭结现象在语义上都偏重于表数。上面说过,数量合一和数量混沌现象都是数量扭结现象,而数量合一现象是偏重于表数的。明显的证据是:“俩”等于“两个”,但书面上往往可以见到“小俩口”的写法。当然这是不对的写法,但透过这写法可以知道人们倾向于把“俩”当成一个数词。我们以为,从数量词系统的总体看,单用的“半”应该更偏向于数词,在面临“非此即彼”的选择时,似乎可以统统算作数词。事实上,本文 4·1 里已经把“(大)半辈子”中的“半”当做数词来举例了。

再说“双”。

量词“双”和数词“双”都跟“两个”的意思有关。词性上的区别，表现在所受到的数词规约和量词规约的不同。然而，“双”有时脱离数词规约或量词规约，即跳出“数＋双”或“双＋量”的框架，直接同名、动、形等词发生关系，却仍然跟“两个”的意思有关。具体情况，大体如下。

a. “双”直接修饰 NP：

双目　双手　双脚　双颊　双剑　双雕

b. “双”直接修饰 VP：

父母双亡　一马双驮　二人双战大恶人

c. “双”直接修饰 AP：

才貌双全　色艺双绝　思想业务双丰收

脱离规约的“双”，处于数量混沌的状态。看两个实际用例：

(52) 嫂子，你是双身子，往后，有重活儿，吱一声。（厉夏、方金《古船·女人和网》233 页）

(53) “华都会晤”签下的合同书，给陈源斌留下了……双显名的殊荣。（朱炬烽《“秋菊”出世记》，《读者文摘》1993 年总 138 期 34 页）

“双身子”有两个人体的意思，也有母子成双的意思；“双显名”有两个方面都显名的意思，也有“小说原著作者”“电影改编作者”成对儿显名的意思。

跟“半”的情况大体相同，单用的数量混沌的“双”一般偏向于数词。证据是，它全都容易改说成“两”，或者跟“两”的意义相通，却不能全都转说成“一双”。比较：

(54) 苏小个子肩头搭条手巾，双手抱膀，……（厉夏、方金《古船·女人和网》54 页）

(55) 香草羞赧地捂住双颊。(同上 408 页)

“双手”,可以说成“两手”,也可以说成“一双手”;“双颊”,可以说成“两颊”,但不能说成“一双颊”。至于修饰 VP 和 AP 的“双”,更不可能说成“一双”。比如“父母双亡”是父母两个都去世了,“思想业务双丰收”是思想和业务两方面都丰收,其中的“双”没有转为“一双”说法的可能。

即使是“双手、双脚、双腿”之类,所指事物可以说“一双”,但“双”还是偏向于数词。这可以从数词的对照使用中得到证明。例如:

(56) 一个紫袍人……喝道:“……瞧我不打断你的两腿。”木婉清吃了一惊,心道:“哼,你要打断段郎的双腿,……”(金庸《天龙八部》218 页)

“两腿”“双腿”对照使用,“双”的数词倾向是明显的。

如果一定要在数词和量词二者之间作出抉择,那么,根据基本倾向,单用的“双”一般可以算作数词。本文 4·2 里已把“双主语”中的“双”当作数词来分析。只有三种情况,单用的“双”一定是量词。1. 用在“动+(一)量+名”结构中作定语:“碗边有双筷子。”2. 用在“成”字后边作宾语:“好事成双”。3. 用在“论”字后边作宾语:“卖鞋子论双”。这三种情况,符合前面说过的量词单用的规律。

值得注意的是,“双双”有时是量词重叠形式,表示“每一双”的意思,但有时是数量混沌形式:

(57) 她跟着榆娃双双远走高飞,……开始一种美滋滋的新生活。(朱小平《桑树坪纪事》,《小说月报》1985 年 10 期 18 页)

（58）两人双双坐在这，啥意思？（马秋芬《远去的冰排》，《小说选刊》1988年2期21页）

这里的“双双”，不是“每一双”。它更多地跟“两”的语义相联系，似乎也偏向于数词。

六 小结

（一）现代汉语数量词系统是现代汉语词类系统中一个特殊的子系统。数词和量词的定型组合，相互规约，决定了数量词系统的“数不离量，量不离数”的基本面目，决定了数量词系统的“数量结伴，共同外向”的基本功能，也决定了一般情况下可以“据数辨量，或者据量辨数”的识别标准。现代汉语词类系统中，没有另外两类词像数词和量词那样具有“联盟式”的结合关系。

（二）“半”在同量词结合使用时是明显的数词，在同数词结合使用时是明显的量词。数词“半”，用于统数，不用于序数，同它结合使用的量词表示跟确定数量或确定实体相联系的可二分的单位。量词“半”，限于跟数词“一”和“两”结合使用。它不能重叠，不能在隐去“一”的情况下跟“这、那”直接组合。“一半”可以嵌入形容词“大、小、多、少”作量的评估。“一多半”“一少半”的说法值得特别注意。

（三）“双”在同数词结合使用时是明显的量词，在同量词结合使用时是明显的数词。量词“双”，表示不可估的定数凝合单位。作为定数单位，不能加“大、小”等作量的评估；作为凝合单位，可以用在“成”的后边作宾语。数词“双”，用于统数，不用于序数，一般跟"重、层、份、倍"等量词结合使用。在强调跟"单一"相对的意义时，在组造学术性用语时，使用数词"双"有特定的语用价值。

（四）"半""双"有时单用。单用的"半""双"，除了一些特定情况，一般都是数量混沌现象。从总体上看，"半"和"双"的数量混沌现象都偏向于表数。

（五）通过对"半"和"双"的观察可以知道：数量词系统中的各个词，既有共同性，又有差异性。一方面，各个词分别在数词系统和量词系统中占据特定的位置，呈现出各自的特点；另一方面，有的词在数词和量词之间形成"扭结"状态，比如"俩"和"仨"的数量合一，"半"和"双"的数量混沌，反映出"联盟式"结合关系的加深。

在现代汉语词类系统中，甲类词和乙类词的"扭结"现象，为数量词系统所独有。

主要参考文献

国家对外汉语教学领导小组办公室汉语水平考试部：《HSK 常用词汇一览表》，《汉语水平考试大纲》，时代出版社 1989 年 11 月。

李行健等：《新词新语词典》，语文出版社 1989 年 4 月。

陆俭明：《数量词中间插入形容词情况考察》，《第二届国际汉语教学讨论会论文选》，北京语言学院出版社 1988 年 12 月。

（原载《语言教学与研究》1993 年 4 期。这里略有修补。）

附录三 “很＋名词”

近年来,“很＋名词”的说法有上涨的趋势。比方“绅士”“淑女”是名词,有时可以说成“很绅士”“很淑女”:马悦在跟女主人于薇跳过第一支曲子后,接着便来到佩茹面前,做了一个很绅士的恭请动作。(徐坤《如烟如梦》,《小说月报》1997 年 6 期 41 页)|愫细很淑女地啜饮高脚杯中的白酒。(施叔青《香港的故事》,台港女作家作品选《独身女人》14 页,漓江出版社 1986 年 11 月)

本文从语言和文化两个角度观察这类“很＋名词”的说法。为了方便,有的地方把这类“很＋名词”简称为“很名”。

一 从语言角度看“很＋名词”

1. 在句法功能上,“很＋名词”是形容词性的。

“很名”结构包括两个部分:前一部分是程度词,以“很”为代表,此外还可以用“最、太、更、够、真、非常、特别、比较”等副词,有时也可以用指点程度的代词“这么、那么”。如:最后苹果拼盘上来了,……大家非常绅士地用小叉子一粒一粒地叉起来吃,……(王海玲《亦真亦幻》,《中篇小说选刊》1997 年 3 期 153 页)后一部分是名词,有时也可以是名词短语。如:殷法能兴高采烈地拿起了杜晚晴的手,很绅士风度地吻了下去。

（梁凤仪《花帜》233 页，人民文学出版社 1992 年 12 月）|没有想过葛懿德的容貌如此俊秀，五官简直精美，很女中丈夫，不怒而威。（梁凤仪《九重恩怨》39 页，人民文学出版社 1992 年 12 月）|慕天，这儿的清晨，烟雾弥漫，更诗情画意，你若能来跟我共进早餐的话，就是太好了，我们还有很多很多话要说。（梁凤仪《醉江尘》146 页，人民文学出版社 1992 年 7 月）

"很 X"结构槽是形成"很名"说法的根基。"很 X"是形容词性的，这决定了"很名"说法也是形容词性的说法。在句法结构中，"很名"总是用作定语、谓语、状语或补语，这正是形容词或形容词短语惯常分布的状况。比如：他的举止很绅士。（谓语）|他做了个很绅士的动作。（定语）|他很绅士地做了个恭请的动作。（状语）|他的恭请动作做得很绅士。（补语）。由于"很＋名词"是形容词性的，因而可以跟典型的"很＋形容词"并列使用。如：萧城立马赶到，很潇洒很英雄很男子气地跃入水中，将男孩救起。（少鸿《触摸忧伤》，《芙蓉》1994 年 2 期 64 页）——这里，"很男子气"跟"很潇洒""很英雄"并列，共同用在状语的位置上。这么并列使用的语词，在性质上不可能不具有共性。

"很名"不能用作主语和宾语。"绅士、淑女"之类如果它出现在名词惯常分布的主、宾位置上，就不能受"很"等的修饰。例如：放眼望去，绅士淑女们衣冠楚楚，……（陈浩泉《选美前后》，《花城》1985 年 1 期 201 页）|原来以为早到了，大厅里却已尽是衣履风流的绅士淑女，……（施叔青《香港的故事》，《独身女人》33 页）——前一例，"绅士淑女们"是主语；后一例，"绅士淑女"是宾语。在这种位置上，"绅士"也好，"淑

女”也好，都绝对不能加上“很”字。

2. “很名”结构槽只是有限地接纳名词。

进入“很名”结构槽的名词，可以指人，可以指事物，可以指方所，可以指时间。应该说，有相当大的覆盖面。例如：很绅士（指人名词）|很母性（事物名词）|很香港（方所名词）|很现代（时间名词）。然而，事实上，为“很 X”一类结构槽所接纳的名词，是受到特定语义条件的限制的。这就是，该名词能够从气质、作风、样式、气味、势态等方面反映出说话人的某种特异感受，用个简括的说法，便是具有“异感性”。一个说话人，假若他对“淑女”的表现有特异的感受，那么，看到某女士在言谈上符合他的感受时，他可以说“很淑女”；看到某女士在举止风度上符合他的感受时，他也可以说“很淑女”。同样，一个说话人，假若他对“香港”的情况有特异的感受，那么，看到符合他特异感受的衣着，他可以说“很香港”，看到符合他特异感受的发型，他也可以说“很香港”。

各类名词中，时间名词所受限制最大。这是因为，这个那个时间不大容易给人以独特的感受。目前只看到一个“很现代”。在特定情况下，“很未来”“很上古”也许可以说，但“很今天|很明年|很星期日”不行。指人名词和方所名词所受限制次之。指人名词，除了上例里出现的“绅士、淑女”等，即使是“女人”之类，只要是强调特异感受，也可以加“很”；方所名词，除了上例里出现的“香港”，在特定情况下，“国际、中国、美国、日本、上海、西藏、海南”之类不一定不能加“很”。例如：四婶也像别的村妇一样，很女人地挨男人的打然后委屈得哭一场，……（李肇正《小女子》，《中篇小说选刊》1997 年 1 期 146

页)|我又见到了昨夜招待我的那位西藏小伙。……他告诉我,他曾经到北京、上海 学习过。他长就一张很西藏的忠厚的脸。(余纯顺《走出阿里》,《小说月报》1996 年 12 期 19 页)事物名词所受限制稍宽。特别是带上"气、味、腔、调、样、性、主义、风度"等的名词或名词短语,比较容易加"很"。比如:李艺知道自己这样问太学生味,但又由不住要这样想。(王炬《正义的迷踪》,《中篇小说选刊》1996 年 6 期 77 页)|总之,简珍不是上大学的料。简珍很唯物主义,就不在功课上下苦功,一天到晚盘算着如何当老板。(李肇正《小女子》,《中篇小说选刊》1997 年 1 期 118 页)然而,无论如何,不能引起人们特异感觉的名词,包括事物名词,不能受"很"修饰。比如,"鼻子"不能说成"很鼻子","衣服"不能说成"很衣服","电视机"不能说成"很电视机"。

3. 典型名词进入"很名"结构槽,是名词活用为形容词,属于"词性活用"现象。

从语义看,由于"很名"结构中的名词要求具有异感性,因此,典型名词一旦进入"很名"结构,便不再使用其本然意义,而是用来表示一种临时赋予的性质或状态。比如"西藏",本然意义是中国的一个省份,然而,在说"很西藏"的时候,却或者指跟西藏有关的某种气质,或者指跟西藏有关的某种相貌,或者指跟西藏有关的某种装饰,如此等等,都临时带上了跟形容词意义相通的意义。诚然,这类结构中的名词实际上已经不是一般意义上的名词。

从书面表达的方式看,为了突出强调用法的特殊性,人们往往给这个名词加上个引号,借以表明这是修辞性的活用。

比如:她一开始就不同我说藏语。十分惊诧,女人的直觉为什么总是如此敏锐,尽管此时我已经很“西藏”。(余纯顺《走出阿里》,《小说月报》1996 年 12 期 35 页)|普兰的边贸市场分东风桥头市场和唐嘎市场两部分。唐嘎市场也被远近的人们叫做“国际市场”。其实,东风桥头市场也有点儿“国际”,而且很“中国”。(同上 24 页)|嘎珍在“内地班”读过书,……她比较“现代”和务实。(同上 7 页)——上例里,进入“很名”结构的“西藏”“国际”“中国”“现代”都特意加了引号。从下文所举的例子中,也可以看到同样的情况。再说,凡是不用引号的,只要写作者觉得需要强调,也都可以加上。词与词之间的正常配搭,是不允许随便加引号的。比如“很聪明”,如果给“聪明”加个引号,就会化褒为贬。

4. 跟“词性活用”现象相关联的是“词性裂变”现象。

进入“很名”结构的名词,一旦用多了,就习以为常,临时的“异感”意义就会转向固定的特征意义,结果便出现词性裂变现象,使一个形式在原来名词词性的基础上裂变出形容词性。这样,一个形式就兼有名词和形容词两个词性:在名词结构槽出现时是名词,在形容词结构槽出现时是形容词。比如“科学”,《现代汉语词典》解释为:①反映自然、社会、思维等的客观规律的分科和知识体系。②合乎科学的:这种方法不～|革命精神和～态度相结合。——前一种“科学”是名词,后一种“科学”是形容词。又如“艺术”,《现代汉语词典》解释为:①用形象来反映现实但比现实有典型性的社会意识形态,包括文学、绘画、雕塑、建筑、音乐、舞蹈、戏剧、电影、曲艺等。②指富有创造性的方式、方法:领导～。③形象独特而美观的:这棵

松树的样子挺～。——前两种“艺术”是名词，后一种“艺术”是形容词。在实际语言运用中，诸如此类的现象不少。比如：他的精神很好。（名词）|他走起路来很精神。（形容词）|要讲究卫生！（名词）|这种东西太不卫生！（形容词）再看几个实际用例：你一定有一份很理想的职业，……（陈浩泉《选美前后》，《花城》1985年1期191页）|像马莎这样也就够风光的了，……（同上187页）|热情的小于永远也不能理解世界上居然还有这样一对极其规律的夫妻。（肖克凡《最后一个工人》，《中篇小说选刊》1997年1期25页）——“理想”“风光”“规律”通常用作名词，但上例的“理想”“风光”“规律”都是形容词。凡是已经裂变成为形容词的，书面上不能加上引号。

从“词性活用”到“词性裂变”是一个发展过程，在这个发展过程中自然会存在混沌状态。正因如此，进入“很名”结构槽的名词有的也可能介于二者之间，属于模糊现象，可以“见仁见智”。比如：她太教条了，全盘接受了学校老师灌输给她的理论，以为凡事只要努力奋进便能成功的。（徐蕙照《折桂》，《小说月报》1996年12期76页）|张和生则批评电视剧肤浅，编者主观的东西太多，而且审美观念太传统。（梁晴《索坦》，《中篇小说选刊》1997年1期105页）——这里的“教条”“传统”是名词的活用呢，还是已经成了形容词呢，似乎难于做斩钉截铁的论断。这是正常现象。事物之间往往不能一刀两断，何况是处于发展过程中的事物！有一点可以肯定：不管是词性活用，还是词性裂变，凡是名词进入“很名”结构，便在特定的结构槽中被形容词化了。

二 从文化角度看“很＋名词”

1.“很名”说法，产生于人们对事物属性的特异感受，带有因人而异的心理特征。

上面一再提到“很绅士”之类说法。作为名词，“绅士”有特定的内涵；一个人是不是绅士，有客观的标准。然而，当甲说乙“很绅士”的时候，只是表明甲的个人心态，丙丁可能有同感，也可能没有这样的感觉。上面一再提到了“很西藏”的说法。不管是说话人说别人“很西藏”，还是说自己已经“很西藏”，同样也是他自己内心产生的特异感觉。诚然，心理上的异感是带有多层面的文化因素的东西。

看个实际用例：……我基本上是个城里人。长得很“文化”。这使得我的家乡的乡亲们始终不肯把我当成一个一无所有的穷学生来看待。（王泽群《正爷》，《中篇小说选刊》1997年4期143页）——作为名词，“文化”有特定的涵义，《现代汉语词典》解释为：①人类在社会历史发展过程中所创造的物质财富和精神财富的总和，特指精神财富，如文学、艺术、教育、科学等等。②考古学用语。③指运用文字的能力及一般知识。那么，上例里的“很文化”是什么意思呢？大概是文质彬彬、很有知识的样子吧？然而，无论如何，我们只能猜个“大概”；在“家乡的乡亲们”的心理上，恐怕也只有那么个模糊的影像。放到大城市，在高等学府，绝对不会有人对一个在一所“半工半读的学校”读书的学生产生“很文化”的感觉。这就是说，“很文化”的说法本身就反映了没有什么文化水平的“家乡的乡亲们”心理状态，表明了他们对知识和知识分子的崇敬和距离，其中无疑有着朴素厚实的文化含量。

2. “很名”说法是一种语言艺术，反映了说汉语的人特定的“知识”涵养。

人们对特异感受的表达，建立在特定文化素养的基础之上。甲看到乙多愁善感，往往对花落泪，于是责备地说：“你呀，怎么这么林黛玉啊?”或者对丙、丁议论说：“乙这个人，太林黛玉了!”能这么说话的甲，一定读过《红楼梦》；听者，不管是乙还是丙或丁，也一定(或被甲认为)读过《红楼梦》。此外，乙大概可以肯定是一个年轻的姑娘。再看下面的例子：我现在开始弄瓷器，很时髦、很贵族的玩意儿，不过其中学问多多。(施叔青《香港的故事》，《独身女人》47 页)|“你曾来过这儿?”我回望杜青云，问。“是的。很久以前。我跟我的第一个女朋友。”“很诗情画意。”(梁凤仪《千堆雪》149 页，人民文学出版社 1992 年 12 月)——对“贵族”一无所知，不可能采用“很贵族”的言辞；不知道“诗情画意”为何物，不可能发出“很诗情画意”的感慨。从一个纯朴的山区农民口里，可以听到“很木头”，却绝对听不到“很贵族”和“很诗情画意”。再看个文化含量更大的例子：她说：“我喜欢古筝的声音，非常古典，非常高山流水。”(严沁《无怨》7 页，中国文联出版公司 1987 年 12 月)——有中国文化素养的人都知道，“高山流水”包含着《列子·汤问》中俞伯牙和钟子期之间的一段美好的故事，用来比喻知心、知己或曲调高雅。上例把“高山流水”活用到“很名”类结构之中，熔入了汉民族的文化蕴含。

3. 不同的社会背景，影响人们的语言运用，也影响“很名”的具体装配。

以香港为例,先说说“很绅士”和“很淑女”。“淑女”是古代汉语的词,在普通话基本词汇中已经消失。正因如此,《现代汉语词典》中只对“淑”字作简单解释,而不立“淑女”的词条。该词典的1996年修订本虽立“淑女”词条,但特别解释为:“〈书〉美好的女子:窈窕～。”强调是“书”。“绅士”不是古代汉语的词。因此《辞源》不收“绅士”,只收“绅衿”。对“绅衿”所作的解释是:“泛指地方上有地位权势的人。绅,指有官职或中科举而退居在乡的人;衿,青衿,学中生员所穿,指生员。《儒林外史》四:‘汤父母到任的那日,敝处阖县绅衿,公搭了一个彩棚,在十里牌迎接。’”在中国的广阔土地上,“绅士”一词只在1949年以前的近现代用过一段时间。1949年之后到70年代末期,在普通话的基本词汇中,这个词也已消失。因此,《现代汉语词典》尽管立了“绅士”的词条,但只作了这样的解释:“指旧时地方上有势力、有功名的人,一般是地主或退职官僚。”总之,“淑女”也好,“绅士”也好,对于50年代到改革开放时期以前的普通话词汇来说,最多只是留下了历史的陈迹。然而,在香港作家作品中,它们的使用频率却一直比较高。这为香港特有的人文背景所决定,在某种程度上反映了香港不同于内地的文化现象。一方面,回归前的香港,作为英国的殖民地,深受英国文化的影响。以“绅士”来说,电视连续剧《乱世香港》中,有个人物何贵堂,就千方百计想当个“太平绅士”。因为有“绅士”这个名词,才会有“很绅士”的活用说法。另一方面,香港本来是中国的土地,生活在香港的中国作家有着天然的中国文化根基。1949年以后,香港跟内地的语言接触基本中断，香港的汉语书面语中很自然地保留着许多文言词语和成语典故。因为保留有“淑女”这个词，才会有“很淑女”的活用说法。

再看其他方面的例子：吊山车很摩登。（[香港]梁凤仪《花帜》73页，人民文学出版社1992年12月）|原来陈小姐今晚穿得十分性感。（[香港]东瑞《夜香港》22页，广东旅游出版社1987年9月）|目下许多红星都在拍彻底的“写真集”，穿三点式已变得十分小儿科了，……（同上133页）——前一例，反映香港用语同英语的联系。英语里的modern，用汉字写出来就成为“摩登”。普通话里，名词“现代”和兼属名词与形容词的“时髦”，都跟这个词意义相当。“吊山车很摩登”，既可以说成“吊山车很时髦”，也可以说成“吊山车很现代”。后两例，反映了香港的社会风情。“十分性感”也好，“穿三点式”变得“十分小儿科”也好，都是实际生活的摹写，跟内地相比较，特别是跟中国改革开放之前相比较，显得香港的风情跟内地存在相当大的差异。

4. 人际关系的发展，促进了“很名”说法的发展。

“很X”是现代汉语的结构槽，“很＋名词”是现代汉语里有特定语用价值的说法，这种说法在现代汉语里本来就有。例如：这些都是很“感情”的话，她平日搬运得非常熟练，竟不必现查“大全”了。（茅盾《夏夜一点钟》，转引自倪宝元《词语的锤炼》）|这个连长太“军阀”了！年纪不大，脾气可不小！（曲波《山呼海啸》上册24页，转引自倪宝元《词语的锤炼》）茅盾笔下的“很感情”，曲波笔下的“太军阀”，都说明“很名”类说法不是近十多二十年来才出现的新说法。

然而，也要看到，近年来"很名"说法确实多了起来，成为一种相当"时尚"的说法了。这种"时尚"说法的使用与发展，跟改革开放以后内地同香港一带的频繁接触不无关系。这反映了人际关系的发展，促进了语言运用的相互撞击与交融。比如：谢霓说，那图案非常现代！（徐小斌《对一个精神病患者的调查》，《中篇小说选刊》1986 年 2 期 85 页）|其实我平时没这么绅士。（池莉《绿水长流》，《小说家》1993 年 5 期 11 页）——这两个例子分别见于 80 年代和 90 年代的作品，都出自内地作家的笔下。同类说法，若到 50 年代或 60 年代的内地作家的作品中去寻找，很难发现；而在近年来的作品中，却是可以经常看到的。

由于深圳同香港有更多的接触，《特区文学》上更多地出现这类说法，这就不足为奇了。例如：猫王是那样性感那样迷人，唉，他是我永远得不到的偶像呀！（陈惠如《女人的童话》，《特区文学》1997 年 1 期 13 页）|那天潘可在电话里很人情地说：兄弟你的栖身之所现在仍未解决吧？（同上 5 页）|那时候人们还是不大想得开，观念上还比较传统，过年嘛，就得热热闹闹，……（张波《特区不浪漫》，《特区文学》1994 年 3 期 25 页）

三 结语和余论

从语言角度说，"很＋名词"是一种具有特定语用价值的特殊组合。由于"很 X"是营造形容词的优化结构槽，一个名词如果偶尔进入这个结构槽，便只是名词的活用现象；如果经常进入这个结构槽，跟"异感"意义发生经常性联系，就会出现词性裂变现象，即在名词的基础上裂变出形容词。

从文化的角度看，社会的发展促使语言文字应用的活跃，引发语言的不断演变与发展。在语言的演变发展过程中，由于人文因素的干预，结果就出现了语言的文化蕴含。正因如此，"很名"说法的使用固然受到语言因素的规约，同时也反映特定的社会人文背景，有其特定的文化蕴含。

需要补说两点，做为余论：

第一，名词活用为形容词，不一定都出现在"很名"结构之中。换句话说，"名"的前边不一定都出现"很"类程度词。例如：下去前个个文绉绉的，幼稚而书生，不出半年，再回县里办事，人也野了，话也粗了，……（刘益令《仕途》，《小说月报》1996年12期50页）|那间主人房内的浴室，叫杨慕天看呆了，比电视里头的布景还要辉煌架势十倍。（梁凤仪《醉江尘》95页）——名词"书生"和"架势"由于分别同形容词"幼稚"和"辉煌"构成并列结构而形容词化。这里的"书生"和"架势"如果不认为是名词活用为形容词，而认为它还是通常意义上的名词，那么，就会引出名词可以无条件地跟形容词并列，共同作谓语的结论。这显然是不合理的解释。

第二，名词不仅可以活用为形容词，也可以活用为动词。在"很绅士"结构槽里"绅士"活用成形容词，在下面的结构槽里就活用成了动词：如果不是我自己曾亲自地去调查了解过，我永远也不会、不能、不敢相信我的叔祖父正爷，曾经"绅士"过。（王泽群《正爷》，《中篇小说选刊》1997年4期148页）|三人都笑了，坐了下来。白伟说：好，我们就绅士一次，帮帮小

姐。(池莉《你以为你是谁》,《中篇小说选刊》,1995 年 2 期 4 页)大家知道,“阿 Q”是鲁迅作品中的人物,有时也可以听到这样的说法:“这个人很阿 Q!”有时还可以看到这样的用法:严航笑道:“你真能阿 Q 自己。”(方方《行云流水》,《中篇小说选刊》1992 年 2 期 70 页)在“这个人很阿 Q”里,“阿 Q”是名词临时用作形容词;在“你真能阿 Q 自己”里,“阿 Q”是名词临时用作动词。名词受“很”修饰,名词带宾语、带动量补语或用在“曾经 X 过”结构槽之中,都是特殊现象,受特殊规律的制约,不应混同于一般情况。

主要参考文献

《辞源》(修订本),商务印书馆 1981 年 12 月。

倪宝元:《词语的锤炼》,甘肃人民出版社 1981 年 8 月。

邢福义:《关于副词修饰名词》,《中国语文》1962 年 5 期。

《小句中枢说》,《中国语文》1995 年 6 期。

《“很淑女”之类说法语言文化背景的思考》,《语言研究》1997 年 3 期。

于根元:《副+名》,《语文建设》1991 年 1 期。

中国社会科学院语言研究所词典编辑室:《现代汉语词典》,商务印书馆 1994 年 3 月;又,《现代汉语词典》修订本,商务印书馆 1996 年 7 月。

(选自邢福义主编《文化语言学》增订本,湖北教育出版社 2000 年 1 月。)

附录四　词类问题的思考

本文讨论汉语的词类问题。涉及的语料，限于现代汉语。

20世纪50年代有过一场词类问题大讨论，主要着眼于词的分类问题；本文讨论词类问题，则主要着眼于归类问题。全文包括三个部分：思考一，关于语法特征；思考二，关于入句结果；思考三，关于证明方法。最后有个结束语。

多年来，从语法学者到中学教师，到一般的学习者，一直到许许多多的外国朋友，都希望能够看到一部全面标明词性的汉语词典，但是，直到目前为止，这样的一部词典尚未出现。这不能说明中国语法学者的不中用与不勤奋，只能说明汉语的词类问题实在太麻烦。要解决汉语的词类问题，绝对不能采取简单化的办法，相反，必须付出较多的时间，包括走弯路的时间，而且需要学者们多从几个方面作深入的思考，多从几个方面寻找办法。本文的基本思想，是强调正视汉语词类问题的复杂性，主张给词定性归类时既要依据语法特征，又要联系入句结果，还要注重证明方法的运用。

一　关于语法特征

语法特征是词在语法上反映出来的特征。

汉语里词的语法特征，就目前通常的认识来说，主要表现在以下三个方面：1. 词的组合能力；2. 词的造句功能；3. 词的形式标志。

语法特征是划分词类、判别词性的根本依据。但是，怎样才能正确地充分地依据语法特征来给词定性归类，还有必要作进一步的探讨。

（一）对语法特征的横向观察

所谓横向观察，是把三方面的特征平排并列，考察它们的实际作用和条件性质。

通过横向观察，应该分清主裁性标准和辅助性标准。形式标志方面的特征，作为标准最有用，又最没用。它一看便知，可据性特强，但它说明不了多少现象，解释力是极差的。把造句功能作为标准，其覆盖面是百分之百，但只能得出或然性的结论，而不能得出必然性的结论。因为，甲成分固然经常由 A 类词充当，但也可以由 B、C 等类词充当，A 类词固然经常充当甲成分，也可以充当乙丙等成分，甲成分和 A 类词的联系不是必然的。相对来说，组合能力方面的特征覆盖面比形式标志大得多，可据性又比造句功能强得多。因此，在三方面的特征里，只能以组合能力方面的特征作为主裁性标准，至于造句功能方面的特征，特别是形式标志方面的特征，只能是辅助性的标准。“主裁”和“辅助”之间的关系，应该怎样处理？1)在各个标准所引出的结论完全一致的时候，可以从各个方面对一个词的词性作出解释。比如“可爱”，是个形容词。它可以受程度副词修饰（“很可爱”），不能带宾语，在组合能力方面符合形容词的特征；它可以充当定语、谓语等成分（“可爱的孩子|这孩子可爱|这孩子长得可爱”），在造句功能方面符合形

容词的特征；它前头用“可”，“可”作为构词成分，往往构成形容词，往往成为形容词的形式标志（可喜|可靠|可观|可取|可疑|可口|可体）。2）在主裁性标准的解释力有所不足的时候，可以借助于辅助性标准。正如排球比赛中主裁判如果看不清，可以听取副裁判的意见。比如“黝黑”，由于结构上的原因，在组合能力上排斥程度副词，但它不能带宾语，而且在造句功能上它跟一般形容词一样，可以做谓语、定语等成分（皮肤黝黑|黝黑的皮肤|皮肤晒得黝黑）。这样，主裁性标准在辅助性标准的配合下，就可以判定“黝黑”这个作为谓语而不能带宾语的词是形容词。3）主裁性标准和辅助性标准如果有矛盾，服从主裁性标准。比如“×头”结构的词一般是名词（木头|话头|锄头|看头|想头|苦头|甜头），其中的“头”是名词的形式标志。但“滑头”这个词，有时是名词（“这个滑头！”），有时却是形容词（“这种人太滑头”）。把它判定为形容词时，主要看它能受程度副词的修饰，而不管它形式上带有“头”。

通过横向观察，还应分清充足条件和非充足条件。充足条件是有之必然的条件。这种条件有了它就足够，没有它不一定不行。比方，对于动词说来，“带宾语”是充足条件。凡是能带宾语的肯定是动词，[1]但不能带宾语的（如“睡觉|咳嗽|游泳”）未必不是动词。非充足条件是有之或然的条件。这种条件，有了它不能引出必然性结论，但可以提供作出判断的某种根据。比方，“能充当主语宾语”这一条件，不能引出“一定是名词”的必然性结论，但至少可以提供“可能是名词”的线索。充足条件和非充足条件同主裁性标准和辅助性标准有密切关系，但并非分别对应。一方面，并非任何一条主裁性标准

都是充足条件，比方，“能受副词修饰”是从组合能力方面归纳出来的特征，属主裁性标准，但还不是充足条件，因为我们不能肯定地说受副词修饰的都是动词或形容词，如“最底层|最前线|最前面|最南方”都不是“最＋形或动”。另一方面，并非任何一条辅助性标准都是非充足条件。形式标志方面的标准可据性特强，通常是充足条件，这不必多说。即使是造句功能方面的标准，尽管总的说来是或然性标准，通常是非充足条件，但其中某一条具体标准却有可能是充足条件。比方，“能作状语”对于副词说来不是充足条件，但如果进一步规定为“能作状语，并且只能作状语”，这就成为副词的充足条件了。实践中分清充足条件和非充足条件非常重要。如果混淆条件的性质，是不能得出正确的结论的。比方，把“这条街原来的名字叫太平仓，现在叫平安里”中的“原来”划定为形容词，而把“这条街原来叫太平仓，现在叫平安里”中的“原来”划定为副词，是因为前一个“原来”充当了定语，而后一个“原来”充当了状语。然而，对于形容词和副词说来，充当定语和充当状语都只是非充足条件[2]！

通过横向观察，还应该明确，在运用标准的过程中必须遵守同一律。这里，特别需要强调一条必须遵守的原则：同一意义并且在组合能力上具有共性的同一形式，不得分化为不同的类。比较：

a. 细心的人

细心照顾他

b. 特别的人

特别照顾他

"细心",不管作定语还是作状语,都表示"用心细密"的意思。语法上,都能加"很",这可以帮助证明它们具有同一意义:很细心的人|很细心地照顾他。"细心"不应分化为两个不同的类,比方,不能说作定语时是形容词,作状语时是副词。"特别"情况不同:作"人"的定语时表示"与众不同"的意思(能说"很特别的人"),作"照顾"的状语时表示"特地"的意思(不能说"很特别地照顾他")。由于两个"特别"的意义不同,并且相应地在组合能力上具有不同的特点,因此才可以判定为两个不同的类,前者属形容词,后者属副词。明确这条原则,始终遵守这条原则,可以保证在运用标准的过程中不致陷于混乱。

(二)对语法特征的纵向观察

所谓纵向观察,是从解释面大的特征到解释面小的特征全都进行考察,发现并抓住一切有用的因素。

进行纵向观察,一方面可以着眼于"大",归纳出全局性的类特征,借以反映词类的基本面目。比方,能带宾语,这是动词的带全局性的类特征,解释面较大;能受程度副词修饰,不能带宾语,这是形容词的带全局性的类特征,解释面较大。差不多所有的语法教科书都利用这样的类特征来说明词类的特点,不必多说。

进行纵向观察,我们还应该不忽视"小",发掘出许许多多局部性或微小局部性的类特征,借以增强归类的鉴别力。

比如"着想",这是个什么词?根据意义,一般人大概都可以猜到是动词,但是,在语法上,请问怎么知道是动词?它不能带宾语,也不能受"不、都"等副词的修饰,动词的解释面大

的特征对它无能为力。然而,“面大特征”无能为力,“面小特征”却可以发挥作用。这个词,可以进入“为NPX过”中X的位置(你为谁着想过?为我着想过吗?为你的儿子着想过吗?),而能在X位置上出现的词一定是动词(我为你哭过,为你笑过|他为理想奋斗过,为出路挣扎过)。由于这一特征是充足条件,在其可解释的范围之内,像对“着想”这样的词,却可以帮助我们在定性归类上作出毫不犹豫的裁决。

又如,“人身攻击、人身自由”中的“人身”,是什么词?凭意义也许可以猜想是名词,但在语法上怎么证明它是名词?这个词,不能受副词修饰,并且可以用在“受到攻击”的前边作主语(“人身受到攻击”)。凡是能在“X受到VP”格式中X位置上出现,并且不能受副词修饰的词,一定是名词。据此,可以断定“人身”是名词。作为名词的特征,跟“能带数量定语”这一特征相比较,“能用在‘受到VP’前边作主语”这一特征的解释面当然小得多,但是,在遇到“人身”这样的词的时候,后者却比前者更具有解释力。

既着眼于“大”,又不忽视“小”,对可能有的种种特征全面挖掘,充分利用,会大大有利于我们的词性划定工作。70%左右的词,大概可以用“面大特征”来解释;30%左右的词,有时却不得不借助于“面小特征”。如果有一部大型的汉语词类著作,对各类词的“面大特征”和“面小特征”作穷尽的或大体穷尽的描写,这样的著作在学术上肯定是很有价值的。

二 关于入句结果

入句结果是词在入句后所形成的具体状况。

一个词能或不能跟什么词组合，能或不能充当什么句子成分，必须造起句来才能知道。因此，不管是词的组合能力还是词的造句功能，实际上都是“入句结果”。但是，通常作为语法特征来描述的词的组合能力和造句功能，只是归纳了词的入句结果的一般状况，而具体的入句结果却是千姿百态复杂多样的。从词的归类的角度看，除了把语法特征作为定性标准之外，应该注意观察词的具体的入句结果。这样会帮助我们进一步认识一些理论问题和实际问题。

(一) 词类受句法的管束

一方面，词所属的类要在进入具体句子以后才能显示出来。这是“入句显类”。典型情况，是同形异类形式的确认。比如“矛盾”，让它孤立地站在句子之外，很难确认它到底属于哪一类。如果让它进入具体的句子，比如“要弄清楚这是什么性质的矛盾”，“他的说法前后矛盾”，“我心里很矛盾”，它就分别显示为名词、动词和形容词。又如“死”，让它孤立地站在句子之外，大概一般人都只会说它是个动词，但等它一进入具体的句子，像在“最好别把时间定得太死”、“她把棉袄袖子咬得死紧”之中，就可以知道它还可以是形容词或副词。还有更典型的情况：

a. 你准备采取什么写法？

b. 你到底准备怎么写法？

a. 请谈谈金鱼的养法！

b. 金鱼不能这么养法！

a 里的"写法|养法"是名词；b 里的"写法|养法"到底是"动＋法"构成的动词，还是动词后边带上助词性的"法"，还可以讨论，但它们肯定不是名词，而是动词性的词或结构。这已经不是通常叫作"兼类词"的同形异类现象了。这种现象表明，具体句法结构对词类的管束有时是很严厉的。

另一方面，属于某个词类的词如果不按该类词的句法要求进入句子，就会产生"出格"现象。出格现象有两类：一类是不合语法的"词性误用"。比如：

(1) 一个人活在世上，无非是两个生活吧，社会生活和家庭生活。社会生活主要是有所事业，……(《花城》1985 年 1 期 70 页)

"有所"后边应出现动词。"事业"是名词，被误用成了动词。另一类是取得修辞效果的"词性活用"。比如：

(2) 这个连长太"军阀"了！年纪不大，脾气可不小！(曲波《山呼海啸》上册)

(3) 钟万仇……道："阿宝，你……你……又……又……"钟夫人嗔道："甚么又不又的？又什么了？"(金庸《天龙八部》第一集)

(4) 从前有个学生作文喜欢滥用"而"字，老师给他一个批语说："当而而不而，不当而而而，而今而后，已而，已而！"(王力《词类》)

例(2)，名词"军阀"活用成了形容词。例(3)，副词"又"活用成了动词。例(4)，"而"是连词，批语中的"而"有的是连词，有的活用成了动词和名词。

词性活用现象属修辞现象，自然不能进入词典。但词性活用现象说明了一个事实：句法对词类带有强制作用。一个词，入句后一旦“出格”，只要不成为病句，这个词一定要被强制成为别类的词。从这一点上看，词有时又是“入句变类”。

（二）词类受句域的影响

句域指句子所处的境域，包括上下文意和跟上下文意相联系的各种因素。

句域反映客观现实，具有多样性。句域不同，入句的词在类别上可能发生变化。通常判别词性，只是联想到一般句域的一般情况，忽视了在特殊情况下形成的特殊句域。这不利于全面而深刻地认识汉语的词类。

比如“高、重”等词属于哪一类，一般人大概只会想到“山很高|很高的山|担子很重|很重的担子”之类的出现境域，因而判定为形容词。

但是，在富于变化的种种句域中，“高、重”等词的用法并不总是那么单纯，那么规矩。比方，在“X+数量”格式中，如果X是“高、重”之类，它们是哪类词？

a.（身）高一米八四

（净）重一百五十公斤

这里的数量结构能回答“多少”的问题：（身）高多少？—— 一米八四。（净）重多少？——一百五十公斤。这是一种对事物状况进行实际量测的句域，其中的“高、重”更像是名词，至少无法证明它们还是形容词。即使“高、重”前边不出现“身、净”之类，在同样的句域中“高、重”等词仍然更接近于名词。如：

甲：我量你记！

乙：好，你说！高多少？重多少？

甲：高一米三四，宽一米四四，长一米五四，重四百四十四斤。

乙：慢点慢点！什么一米四四？什么一米五四？

这里的数量结构可以回答“多少”的问题，“高、重”之类还可以用“什么”来提问。

b. 礼品轻如毛，

情意重千斤。

这里“重千斤”和“轻如毛”对举使用，强调礼品虽轻，情意却很重，具有夸张性。这是一种用表数词语强调性状度量的句域，数量结构不能回答“多少”的问题，“高、重”之类不能用“什么”来提问。在这种情况下，“高、重”之类又更像是形容词了。类似的现象：

青山高，高万丈；

绿水长，长万里。

“高万丈”相当于很高、高极了，“长万里”相当于很长、长极了，都是夸张的说法。

a 与 b 之间，还存在更难断定的中间现象。比如：

这堵墙好高，大约高三米二三！

这个语句可能有两个境域，反映两种心态和意向。一种是说话人意在用眼力测定墙的高度，等于说大约高度是三米二三；一种是说话人意在强调这堵墙很高，高得超过了普通的墙，等于说大约高达三米二三。如果是前者，靠近名词，如果是后者，更像形容词。总之，句域的复杂性是一般的标准之外不能不注意的问题。

大家知道，黎锦熙《新著国语文法》中提出过一个著名的论点："凡词，依句辨品，离句无品。"这个论点多年来一直遭到非议。其实，这个论点并非完全没有合理的东西。它的问题出在两个方面：其一，"离句无品"的判断不符合事实。不然，一部标明词性的词典永远编不出来。事实上，有的词总是固定地属于某一类，孤立地说"马匹"，人们可以立即知道是名词；有的词尽管是同形异类的所谓兼类词，但到底可能属于多少个类，是一个形式已经具备的功能，孤立地说"困难"，人们只能在名词与形容词之间辨析其词性。其二，"依句辨品"的标准缺乏科学性。汉语里词和句子成分并不存在严格的对应关系，而黎锦熙先生却把词类和句子成分的关系固定起来，依据句子成分来判定词类，这自然不能正确反映汉语词类的特点。但是，如果扬弃黎先生的主张中不合理的方面和具体内容，"依句辨品"这一说法本身还是符合汉语实际的。当然，必须把"依句辨品"理解为依据句法结构或句法模式辨别词类，而不应理解为依据句子成分辨别词类。

三　关于证明方法

证明方法是属于逻辑思维范畴的论证方法，主要包括"直接判定""排他"和"类比"。这些方法往往结合使用，只是有时有所偏重而已。这里，需要特别指出的是：应该对直接判定、排他、类比这些方法的性质、作用等有正确的了解。

以排他法来说，可以假设有这么一段批评：

用逻辑方法排他法来证明“必然”是形容词，这种推理本身就不合逻辑。因为按照这种推理，我们也可以先根据“必然”不能做谓语、不受“很”修饰等等确定它不是形容词，然后用归余的办法证明它只能是副词。这个例子说明一个道理：把一个词归入某个类里去，必须符合这个词类的分类标准。离开分类标准，用走后门的办法把它硬塞进去是不行的。“必然”只在状语、定语和“的”字前头三种位置上出现，最合理的办法是把它看成区别词兼副词。在状语位置上是副词，在其他位置上是区别词。（按：所谓区别词，相当于一般人所说的非谓形容词。）

讨论这段批评，对正确了解直接判定、排他、类比等证明方法很有好处。下面从三个角度进行阐述。

（一）证明方法和分类根据

证明方法和分类根据不能混为一谈。

分类根据是分类的实际标准。分类根据不同，分类的结果也就不同。比如：第一，如果把能够充当谓语作为形容词的必要条件，那么，非谓形容词就不能归入形容词，一般形容词和非谓形容词就应该是两个不同的类，即 A 和 B 的关系。比方，在朱德熙《语法讲义》中，形容词和区别词是两个不同的类，区别词就是一般所说的非谓形容词。第二，反之，如果不把能够充当谓语作为形容词的必要条件，那么，非谓形容词就可以归入形容词，一般形容词和非谓形容词便同是 A 类，它们之间是 Aa 和 Ab 的关系。比方，在胡裕树主编《现代汉语》

中，非谓形容词是形容词中的一个类，跟一般形容词一起属于形容词。如下表[3]：

胡裕树(主编)《现代汉语》		朱德熙《语法讲义》
形容词		形容词
	非谓形容词	区别词

证明方法不是具体的分类根据。不管是“直接判定”还是“排他”和“类比”，都是以某一分类根据为前提，在某一分类根据的导引下对某个或某些词的词性进行推断。如果推导过程正确，而所得的结果可以讨论，这只能说明作为前提的分类根据可以商榷。

在运用排他法证明“必然”不是副词而是形容词的时候，分类标准中并没有把能够充当谓语作为必要条件，非谓形容词是被包括在形容词范围之内的。人们完全可以不同意这样的分类标准，对根据这样的标准而建立的论证前提提出不同意见，但不能因为对分类标准有意见，就否定证明方法。

在说“我们也可以先根据‘必然’不能作谓语、不受‘很’修饰等等确定它不是形容词，然后用归余的办法证明它只能是副词”的时候，分类标准中是把不能作谓语和不受“很”修饰作为必要条件的。这么说，实际上已经采用了排他法，可见证明方法本身无法否定。特别是，这样的说法里所用的标准是可疑的。根据其标准而建立的前提是：凡是不能作谓语的词，不是形容词；凡是不能受“很”修饰的词，不是形容词。那么，“通红”不能受“很”的修饰，难道不是形容词而是副词吗？“起码”不能作谓语，但能受程度副词“最”“顶”的修饰，难道不是形容词而是副词吗?

归总一句话,不管以哪一种分类标准为前提,都可以采取同样的证明方法。证明方法和分类根据、分类标准不是一回事。如果用对分类标准的不同想法来否定证明方法,就会陷入逻辑混乱。

(二) 证明方法和分类系统

证明方法和分类系统没有必然联系。

分类系统是运用分类根据对词进行分类的结果。甲乙学者各有分类根据,甲乙学者就会得出各自的分类系统。分类系统有两大类:1)穷尽类。系统所包括的各个词类可以穷尽所有的词,全无遗漏。同是穷尽类,又有多种模式。有的可能只有五六个词类,有的可能有十一二个词类,它们的总和都是周遍性的。比如,如果分类系统包括 ABC 三类,那么,所有的词都可以无一例外地归入这三类。2)不穷尽类。系统所包括的各个词类穷尽不了所有的词,有的词是被排斥在系统之外的"剩余词"。不穷尽类的系统也有不同模式,包括不同的词类数目,但各词类的总和都不是周遍性的,比如,分类系统中只建立 ABC 三类,但三类之外还有"剩余词"。

证明方法为所有分类系统服务,对所有分类系统一视同仁。任何分类系统都可以采用直接判定、排他、类比等证明方法,只是分类系统不同,证明的结果当然会有所不同。关键在于,要明确论证所据的是一个什么样的分类系统,不能偷换。当甲学者根据第一种分类系统讨论证明方法时,乙学者要批评他所说的证明方法不能成立,必须也要根据同一种系统,不然,就没有共同的语言,造成胡乱放箭的局面。比方,甲根据

“形容词包含非谓形容词”的系统，证明“必然”可以归入形容词；乙却根据“形容词不包含非谓形容词”的系统，指出“必然”兼属相当于非谓形容词的区别词和副词。二者的实际分歧，在于“必然”是否兼类。不管谁对谁错，都是不能由证明方法来负责任的。

自相矛盾是论证问题之大忌。即使所据的只是一个分类系统，自相矛盾也会造成不能自圆其说的尴尬局面。比如：“‘必然’只在状语、定语和‘的’字前头三种位置上出现，最合理的办法是把它看成区别词兼副词。在状语位置上是副词，在其他位置上是区别词。”这样的论断，对于所据的分类系统本身来说，就是自相矛盾的。首先，不要忘了上面提到的一条同一性原则：同一意义的同一形式，不得分化为不同的类。“必然”这个词，不管作状语、作定语或用在“是……的”之间，都表示“事理上确定不移”。既然如此，就不应分为不同的两个类。要知道，“直接”和“间接”是仅仅被确定为区别词的。试问：“直接、间接”也可以在三个位置上出现，为什么不认为在状语位置上是副词，在其他位置上才是区别词？情况相同，有的这样处理，有的那样处理，岂不自相矛盾？按照这一思路，其他词跟着也涌来了。比如“笔直”：

一条<u>笔直</u>的路（定语）

<u>笔直</u>地往前延伸（状语）

确确实实是<u>笔直</u>的（“是……的”之间）

根据上述思路的逻辑，这里的“笔直”有什么理由不认为是副词兼区别词，或副词兼形容词呢？

（三）证明方法和研究实践

研究的实践离不开证明方法。证明方法不仅适用于语法研究，包括教学语法研究和科学语法研究，而且也适合于其他各门科学。

语法学家们在自己的研究实践中往往使用直接判定法，有时也借重于排他法或类比法。

【例子一】工作程序上使用证明方法，借重了排他法。

这是一则关于词类研究的报道："朱德熙、陆俭明等先生正在致力于现代汉语词类研究。其具体做法是，依据朱德熙先生《语法讲义》的词类系统，给《现代汉语词典》每个现代汉语的词定性归类。词类研究的难点是实词，其中代词、时间词、处所词、方位词、数词、量词等都是封闭性的，可以暂时不管，工作重点放到名词、动词、形容词、区别词、状态词、副词等方面。他们首先用(a)能否受程度副词修饰，(b)能否受"不"否定，(c)能否带宾语，(d)能否带补语等四条标准，把词分为两大类，凡能具备这四条标准之一者，为第一类，否则为第二类。第一类又通过(a)能否受程度副词修饰，(b)能否带宾语这两条标准再分两类：能受程度副词修饰是形容词，否则是动词。"(Y. M《北京大学的现代汉语词类研究》，《语言学通讯》1988 年 3 期)

这项研究在工作程序上一再配合使用了直接判定法和排他法。其中，凡能具备 abcd 四条标准之一者为第一类，这是用的直接判定法；否则为第二类，这是用的排他法。凡具备 a 标准者为形容词，这又是用的直接判定法；否则是动词，这是又用的排他法。

第一步所用的排他法，如果列成公式，便是：

要么是第一类(符合 abc 或 d),否则是第二类。

X 不是第一类(不符合 abcd),

因此,X 是第二类。

第二步所用的排他法,如果列成公式,便是:

要么是形容词(能受程度副词修饰),否则是动词。

X 不是形容词(不能受程度副词修饰),

因此,X 是动词。

【例子二】问题论证中使用证明方法,借重了排他法。

“出品”一词,《现代汉语词典》没有注明词类,但分成两个条目,分别注释为“制造出来产品”,“生产出来的物品;产品”。这等于说有动词和名词两种用法。

有文章指出:“出品”是地地道道的名词,《现代汉语词典》误以为有动词用法,是只从对词义的朦胧的感觉出发,没有考虑它的功能和分布。该文作者之所以说“出品”是地地道道的名词,是因为“出品”在功能和分布上跟“出版”之类动词明显不同。如:可以说“不出版|出版没有|已经出版(了)|出版(了/过)许多书|出不出版”,但是不能说“不出品|出品没有|已经出品了|出品(了/过)许多书|出不出品”。该文又指出:“出品”和“产品、制品”一样是地地道道的名词,“中国出品”和“中国产品、中国制品”一样是名词性偏正结构。

这里,把“出品”划归名词,并没有采用直接判定法,并没有根据判别名词的标准直接说出“出品”到底具有哪些名词的语法特征。首先,文章主要是用排他法。大前提是:“出品”要么是动词,要么是名词(以《现代汉语词典》的解释确定选择范围)小前提是:“出品”不可能是动词。(因为不能进入“出版”

等动词可以进入的诸如"已经X了"的格式)。结论是:"出品"只能是名词。其次,文章也配合采用了类比法。大前提是:"出品"和"产品、制品"一样。小前提是:"产品、制品"一定是名词。结论是:"出品"也是名词。

由此可见,不管自觉不自觉,语法学家们在问题论证中,是抹杀不了直接判定和排他、类比等方法的运用的。当然,运用证明方法是一回事,结论是否可信又是一回事。如果所据前提有问题,即使论证过程不可非议,结论也是有问题的。

比如上述所用的排他法,存在问题。问题出在前提上。凡是符合"不X、X没有、已经X了……"这套格式的,固然一定是动词,但是,不符合这套格式的,是否就一定不是动词?比如"出身","他出身贫农|他贫农出身"中的"出身"肯定不是名词而是动词或动词结构,但不能说"不出身|出身没有|已经出身了……";又如"起源","起源于汉代"中的"起源"肯定不是名词而是动词或动词结构,但不能说"不起源|起源没有|已经起源了……";再如"出落","半年没见,小妞儿出落得更漂亮了"中的"出落"肯定不是名词而是动词,但不能说"不出落|出落没有|已经出落了……"。事实上,上述这套格式对于动词来说是充足条件,却不是必要条件,误把充足条件当做必要条件来使用,结论就不可靠了。

又如上述所用的类比法,也存在问题。如果限于按文章所举的格式来检验,"出品"和"产品、制品"显然具有同一性。然而,如果换个角度来观察,又可以看到它们的差异性:

<u>中国产品</u>大受欢迎。(+)

<u>中国制品</u>大受欢迎。(+)

中国出品大受欢迎。(一)

他们大量订购中国产品。(+)

他们大量订购中国制品。(+)

他们大量订购中国出品。(一)

"中国产品、中国制品"能自然地充当主语宾语,"中国出品"却不能。能够充当主语宾语的词语不一定是名词性质的,但是,根本不能充当主语宾语的词语,其名词性质就大可怀疑了。总之,"出品"到底是什么词,到底应该如何给它定性,还需要进一步讨论。

诚然,证明方法只能看作是词类划分、词性判别中的一种辅助性手段。严格根据语法标准来判定词的归属,这自然是最理想的,也是最简明不过的。可惜,理想不能代替现实,简单化的做法对付不了错综纷繁变化多端的汉语词类问题。自觉地使用证明方法,在帮助处理复杂的词类问题中,是有积极意义的。

四　结束语

(一)复杂问题,需要用复杂头脑去对待。汉语的词类问题是复杂的。全面地穷尽地判别汉语所有的词的词性,无法用简单的标准。否则,就得这里补漏那里补洞,标准虽然容易掌握,运用起来却处处遇到麻烦。为了较为妥贴地处理汉语的词的归属问题,本文主张既要依据语法特征,又要联系入句结果,还要注重运用证明方法。

(二)语法特征是给词定性归类最基本的依据。但是,作为标准或条件，语法特征有主裁性标准和辅助性标准的分别，有全局性标准和局部性标准的分别，有充足条件和非充足条件的分别。本文主张词类研究中必须重视这些分别，深入研究这些分别，尽可能详细地描写出这些分别的具体规律。

（三）入句结果反映汉语词类的富于变化的特点。通常所说的“语法特征”，主要属于入句结果所形成的情态；但是，反过来看，入句结果所能形成的种种情态，要比“语法特征”所概括的基本情态丰富得多。本文主张词类研究中正视汉语的词的“入句显类”或“入句变类”的事实，把“语法特征”的运用放在入句结果的背景下进行，充分考虑句域的复杂性。

（四）证明方法属于逻辑思维范畴，跟词类划分的根据或标准不是同一层面上提出来的概念。语法学家们不管有意还是无意，事实上都在用某种或某些证明方法阐述其见解。本文主张在词类研究中自觉地运用证明方法。直接判定法是最基本的一种，而排他法和类比法可以起辅助作用，有时还可以弥补直接判定法之不足，使某些无法直接判定的现象得到解释。

（五）词类系统有穷尽类系统和不穷尽类系统。如果采用的是不穷尽类系统，那么，什么样的词算是“剩余词”，标准很难确定。理想的词类系统，自然是尽可能穷尽所有的词的系统，但是，建立这样的系统必然会碰到这个那个极不听话不听摆布的词。这需要做许许多多具体细致的研究工作。此外，不管是穷尽类系统还是不穷尽类系统，都一定包含若干数目的词类。笔者以为，从科学研究上说，为了更好地阐述规律，把词的类别分得细一点，甚至很细，没有什么不可以；但从教学上看，类别太少，过于笼统，类别太多，又不易记忆，似乎还是十一二个为宜。

附　注

[1] 更准确地说，应该是：除了某些代词（如“你能怎么样了人家？”），凡是能带宾语的肯定是动词。

[2] 关于“原来”的词性，参看拙作《从“原来”的词性看词的归类问题》，《汉语学习》1985 年 6 期。

[3] 参看张涤华、胡裕树等主编《汉语语法修辞词典》593 页，安徽教育出版社 1988 年版。

（原载《语言研究》1989 年 1 期。有修补。）